名選手にドラマあり

脳裏に焼き付くあのシーン

野村克也

Nomura Katsuya

小学館新書

まえがき

私の現役時代は、プロ野球を代表するような、ビッグな選手たちが生まれてきた。

彼らは皆、実力はもちろんのこと、プレーが個性的で素顔や性格も強烈だった。

王、長嶋をはじめとして、張本、福本、江夏、衣笠《きぬがさ》など、プロ野球の記録を塗り替えるような金字塔を打ち立てた選手も少なくない。

今から思えば、そんな選手たちと同じ時代に肩を並べ、競い合い、戦った経験は何物にも替えがたい財産として、その後の私の人生の糧になっている。

彼らと真剣勝負を繰り返すことができた自分は、なんと幸せ者だったかと今更ながら思う。

現役引退後、評論家時代をはさんで私は計4つの球団で監督を務めた。

4つの球団の監督を引き受けた際、ある共通した条件が必ずついてきた。それは、最下位で低迷しているチームを任されるということだった。

「なんで俺ばかりが、最下位のチームを任されるのだ」

正直、不満に思うこともあった。

しかしそれでもプロとして課せられた仕事であるから、私はもちろん全身全霊で責務を果たさんがため努力した。なかでもヤクルトを率いた9年間は、私の監督人生でもっとも充実した期間だったといえるだろう。これはやはり上に立つ人、当時でいえばヤクルトの相馬《そうま》和夫社長の度量の広さ、理解のお陰だったと思えてならない。


楽天の監督を退いた後、すっかり現場から遠ざかった私だが、実は最近はこれまで経験したことのない問題に悩まされ続けている。

現在、サンケイスポーツなどで評論をしているのだが、困ってしまった。というのは、原稿を書くことが辛《つら》くて仕方ないのだ。

セ・パ両リーグの12球団の中でも、とりわけ自分が携わったソフトバンク（私がいた頃は南海）、ヤクルト、阪神、楽天の動向は気になるものだが、最近は全く興味が湧かない。

否、この4チームだけでなく、プロ野球の試合全般に

「問題の場面」

として取り上げるべきプレー、シーンが見出せないのだ。

「この1球」

という指摘ができない。

「この場面」

という問題提起ができないのだ。

「野球はドラマ」と譬《たと》えられるが、今のプロ野球にはドラマがなくなってしまっている。

現在は巨人戦を中心に評論しているため、東京ドームには赴くが、他球場に足を運ぶことはめっきり少なくなってしまった。また巨人以外のチームは、巨人の対戦相手として見る程度で、それ以上に関心を持って見ることはなくなっている。

これは予期しなかったこと。困ったことだ。

本書では、名場面や名配球が続出したかつてのプロ野球の名場面を回想しながら、壮絶な戦いを演じた名選手たちの素顔に迫っている。

野球は相手側の攻撃の時、キャッチャー以外は皆、ホームベースに向かって守備につく。しかしキャッチャーだけがマウンドに向かって座る。

それはなぜか。

キャッチャーだけが、内野から外野まで、守備隊形の全体、球場全体を把握しなければならない職務を付与されているからだ。

そんなキャッチャー出身、生涯一捕手の私だからこそ体験した名選手たちとのエピソード。裏話、秘話を選《え》りすぐって紹介してみた。

実際、多くの名選手たちを取り上げることができてよかった。

時代としては昭和から平成まで。水原茂、三原脩《おさむ》両氏に始まり、王貞治、長嶋茂雄のONはもちろんのこと、岩隈久志《いわくまひさし》、田中将大《まさひろ》まで網羅した。

また、私が監督人生の後半に指揮した阪神、楽天に関しては、ことさら思いが強いために1章分を割いてエピソードをまとめてみた。

阪神の和田豊監督とは、彼が現役の時、私が監督として接したことがあるが、一言でいえば地味な男で、しかし非常に真面目で熱心な選手であった。勉強家なのだ。2014（平成26）年9月8日現在、3位につけた状態である。クライマックスシリーズまで、どうなるか。彼の手腕が試される時だ。

ヤンキースの田中将大は2013（平成25）年、楽天で24勝0敗という成績を残した。24勝という勝ち数もさることながら、0敗という記録は素晴らしかった。24勝がまるまる貯金になったのだからこれ以上の成績はないのだ。

しかし2014（平成26）年の楽天がまさかここまでひどくなるとは思ってもみなかった。

たしかに投手では田中が抜けたことは大きいが、打者ではケーシー・マギーが在籍1

年で抜けたことも大きかった。マギーは2014（平成26）年メジャーリーグに復帰し、3割の打率で打点もよくあげて大活躍している。マギーの穴は予想以上に大きかったのではないか。

しかし楽天の2014（平成26）年の不調は、もはや技術力というような問題が原因ではない気がする。目には見えない、形には出てこない何かが、今年のペナントレースを左右してしまったかのように感じる。

ともあれ、本書を手にとった皆さんは、かつての名選手たちが創り上げた、日本プロ野球界のドラマチックなエピソードに、しばし酔いしれていただければと思う。

そして野球の真の醍醐《だいご》味《み》をあらためて再認識していただくきっかけになってくれれば、これ以上の喜びはない。

2014（平成26）年9月　　　野村克也

名選手にドラマあり ▒ 目次

第2章　名打者たちの名ゼリフ、名ドラマ

とんでもないことをシレッといい切れる三冠王・落合

落合にインタビューすると驚く返答ばかり

何度も驚かされた田淵の名言（迷言）

ファーストに転向していたかもしれない私

田淵がぼやいた「ダッシュはしんどいですわ」

考えることが苦手のようだったミスタータイガース・掛布

落合と掛布の共通点

やはり球界のおぼっちゃまくんだった巨人・原

私が捕手ならば、原は2球、3球で料理できた

テレビを見ているだけで盗塁するかわかった原のプレー

大リーガーの打ち方をした唯一の日本人打者

肩甲骨《けんこうこつ》を骨折しながらなぜバットを振ることができたのか

「ストライク」を「ボール」にした張本のにらみ返し

強面の張本も、苦労人だった

41

江夏をリリーフにして、喜んだのは奥さんだった
球界最高の投手、金田と江夏の「三振の獲り方」
独り言で引退に追い込まれたエモやん・江本
エモやんを屁理屈で説得した「長髪事件」
怪物・江川が日本シリーズでよく打たれた理由
江川が一流投手といえないわけ
キャッチボールが下手だった、江川の宿敵
「燃える男」星野は巨人戦の日は体調まで変わった
高校野球のヒーロー太田はなぜプロで活躍できなかったのか
死球を屁とも思わない東尾
王を実験台に才能を開花させた投手・皆川
カットボールの元祖は皆川と私のバッテリー
変化球は覚えないほうがよい場合もある
聞き入れられなかった私の助言
エースの条件を兼ね備えていた杉浦

第4章 名監督たちの舞台裏 ―― 127

第5章

プロ野球、水面下の戦い ―― 157

第1章

長嶋と王、その素顔

南海に入る予定だった長嶋が、なぜ巨人に入団したのか

長嶋茂雄といえば「巨人」の代名詞のようなものだが、「南海の長嶋」になる可能性もあった。

長嶋は立教大学で砂押邦信《すなおしくにのぶ》監督の猛烈な指導のもと、東京六大学リーグ戦を連覇（長嶋の卒業後も立教大は優勝し、結局4連覇した）、通産本塁打8本の記録を残し、プロデビュー時にはゴールデンボーイと呼ばれた。

長嶋は当初、私のいた南海に入団する予定だった。それは規定路線だった。南海にいた「親分」こと大沢啓二さんは長嶋の立教の先輩であり、

「長嶋茂雄と杉浦忠がうちに来るぞ」

といっていた。大沢さん自身が南海に入ったのも、長嶋入団のための布石だったと言う人もいた。当時の南海の監督、鶴岡一人《かずと》さんが、立教から長嶋、杉浦忠の二大スターを入団させるためのスカウト役として、大沢さんを先に南海に入団させていたという話だ。真偽のほどはわからない。

しかし大沢さんから「長嶋が南海に来るぞ」と聞かされた翌日、テレビのニュースで「長嶋、巨人入団」と報道されたのでびっくりした。杉浦は規定路線の通り、南海に入団した。

ところで学生当時の長嶋と杉浦には、南海から月2万円の「栄養費」というものが渡されていた。卒業まで総額30万円ほどだったらしい。当時、大卒の初任給が6千円だから、3倍以上の価値がある「栄養費」だったわけだ。

ところが、経営難の南海はこともあろうに「30万円は契約金の前渡し金に相当し、契約金からは差し引く」と伝え、長嶋サイドに不信の念を抱かせてしまった。両者の間に溝ができた。その情報をつかんだ巨人が急遽《きゅうきょ》、長嶋サイドに猛接近。状況をひっくり返して、巨人入団を実現させたという。このことは当時の球団関係者が明かしたことだ。

長嶋デビューのすごさは「見逃しなしの連続三振」にあった

1958（昭和33）年、長嶋のデビューは今でもはっきりと覚えている。

東京六大学野球で一世を風靡《ふうび》し、立教大学から巨人に入団した長嶋は、セ・リーグ開幕戦でデビュー。国鉄の投手・金田正一《まさいち》さんと対戦した。私はこの時、パ・リーグで試合があったため、長嶋の打席を実際には見てはいない。しかし気になっていたため、ラジオで中継を聞いていた関係者に、試合途中、何度か様子を尋ねたものだった。

「長嶋はどうだ？」

「三振です」

しばらくしてまた聞くと、やはり「三振です」。その後、私は試合が終わってベンチで記者の質問に答えていた時、再度気になったので、「長嶋はどうだった？」と聞くと、

「4連続三振です」と教えてくれた。

「4打席4三振か……」

重ねて私は、

「全部、見逃しでしょ？」

と聞くと、

「いえ、全部、空振り三振です」

というので、正直、驚いたものだ。これはどえらい新人が入ってきた……。あの金田さんに対してすべて打ちにいって三振とは……。キレも球威もある金田さんのストレートと、まるで2階から落ちてくるようなカーブ（ドロップ）には、いくら長嶋でも4打席4三振は仕方ない。ただし注目すべきは、長嶋が金田さんの球すべてにバットを振って打ちにいったことだった。新人ならば金田さんの球には通常、バットが出ないはずだからだ。それは実際、金田さんの球と打席で対戦したプロにしかわからないことだっただろう。長嶋は全打席、打ちにいった。その結果としての4打席4三振。見逃しのない4打席連続4三振は、やはり並の新人ではない証拠だ。金田さんの球を恐れることなくすべて打ちにいったのである。

「長嶋はたしかにすごい」

とその時、はっきりとした印象を持ったことを、今でも思い出すことができる。

長嶋はパターンA、私はD、王はどのパターンにも該当しなかった

バッターのパターンには、およそ4つのタイプがある。

パターンAは、ストレートを待ち、ストレートにタイミングを合わせながら、変化球にも対応しようとする打者。これは、いわゆる天才型のタイプであり、代表的な選手が、長嶋、張本勲《いさお》、原辰徳だった。

パターンBは、内角か外角か、コースを絞って狙うバッター。この代表がイチローだ。

パターンCは、右方向か左方向か、打つ方向を決めているタイプのバッター。自分のペースにバッテリーを巻き込むタイプの打者といえよう。

最後のパターンDは、球種にヤマをはるタイプ。ほとんどの選手がこのタイプであり、ご多分にもれず、私自身もこのパターンDだった。

天才肌の長嶋がパターンAの天才型ということは納得できるが、それが巨人軍の伝統をつくってしまったのか、ジャイアンツのクリーンナップは、現在の坂本勇人《はやと》にせよ長《ちょう》野久義《ひさよし》にしろこのパターンAが多い。

ちなみに王貞治は、どのパターンにも属さない、該当しない稀有《けう》のバッターだった。

バッティングフォームがバラバラだった長嶋

長嶋のバッティングフォームは、悪くいえばバラバラだった。

たとえば私や王のフォームをＶＴＲで見ると、大概はどのシーンでもバッティングフォームは一致しているが、長嶋の場合は泳いだり、球に食らいついたり、さまざまなフォームをしている。

これは歴然とした違いだ。たとえば打席に立っているとしよう。外角にストレートが来た。打とうとする。ところが、ストレートではなくさらに外へ逃げていく変化球だったと気づいた。もはやバットは止められない。普通ならバットは空を切る。私も王も、そうだった。空を切った。しかし長嶋はその球に反応したのだ。そして見事に芯《しん》をとらえてヒットやホームランにしてしまうことがあった。

だからバッティングフォームはどれも同じものではなく、バラバラだった。

それでも国民的大スターとして、かなりの成績を現役時代に残した。

これが天才と呼ばれるゆえんだろう。

身体が泳ぎながらも、なぜ長嶋はヒットを打てたのか

さて、長嶋はバッティングフォームがバラバラなのになぜ打てたのか。

バッターは、たとえば、外角に逃げていくカーブやスライダーが来ると、思わず身体が泳ぎ、フォームを崩す傾向がある。

それは打ちにいくためであり、しかし身体が泳いでしまっては打てるわけがなく、バットは空を切るか、仮に当てても内野ゴロにするのが精一杯だ。

ところが長嶋は前述の通り、身体が泳いでもそれをヒットに持っていく能力があった。

長嶋はいわゆる二枚腰だった。変化球に対してフォームが崩れても、泳ぐように対応する。現役時代の長嶋に対して皆さんの記憶の中には、

「長嶋はアウトステップして打っていた」

というのがあるだろう。たしかに右打者の彼は、前足である左足を大きく外に踏み出してスイングするのが特徴的だった。しかし、それでもヒットを打てた理由は二つある。まず一つが、左足は外にステップしても、つま先はピッチャーのほうに向くことがなく、必ずしっかりと本塁ベースに向いていたためだ。もう一つの理由は、左肩が絶対に外に開かなかったため。彼はストライクゾーンからボールになる球に手を出すことが少なかった。球をよく見た。それは選球眼がいいということであるが、実はバットのスイングが速いから「選球できた」のである。

スイングが速いと、ぎりぎりまで球を見ることができる。また、球をぎりぎりまで引きつけて打つことができる。ぎりぎりといっても、せいぜいボール1個か2個分の差なのだが、その差は大きかった。

私が長嶋と対戦したある時、長嶋を心理的に揺さぶるため、ピッチャーにサインを送り見せ球を投げさせた。長嶋は手を出すか……。ピッチャーが投げ、長嶋のバットが動かないので、「見逃すな」と思った瞬間だった。バットが電光石火のごとく出てきてミートした。その瞬間は、今でも記憶ではなく、網膜に鮮明に残っていて、忘れることができない。

普通の打者なら見逃すタイミングでも、彼の場合はバットが出てくる。そして間に合う。ボールをミートできる。

これはつまり長嶋のスイングがいかに速かったかを証明しているのだ。

そんな長嶋にも弱点はあった。これは後の章でお話ししよう。

長嶋が空振りしてヘルメットを飛ばしていた本当の理由

バッターボックスに立つ長嶋は、空振りするとヘルメットが飛んだり、空振りした勢いで倒れるようなシーンがよくあった。

それがまた観客の歓喜をわき起こしたわけだが、あれは彼のファンサービスだったと私は思っていた。

というのは、バッターならば誰でも感じることだが、ボールを打ちにいった瞬間、

「あっ、これはダメだ、空振りだ」

というのはわかるものだ。

バットを出して打ちにいった直後にわかる。だからスイングの最後は本能的に力を抜く。そのため派手に転んだりヘルメットを飛ばしたりするようなことは、まずない。そんなことはしないですむ。ところが長嶋はやたらと派手に空振りしたりヘルメットを飛ばしていた。なぜか。

あれは、プロのバッターからいわせれば、実際にはあり得ないことだ。長嶋はそれをファンサービスのために意図的にやっていたと思う。今でいう、パフォーマンスだ。またどんなに強くフルスイングしても、私の経験上、ヘルメットが飛んだり落ちるということはまずなかった。しかし長嶋はよくヘルメットを右に左に飛ばしていた。

理由ははっきりしている。大きめのヘルメットをかぶっていたからだ。サイズの大きいヘルメットならば、頭にフィットしていないぶん、フルスイングすればあらぬ方向に曲がったり、落ちたりする。どれもこれも、長嶋特有の、魅せるサービス精神の賜物《たまもの》ではなかったか。

彼はファンを喜ばせる技にも長けていたということだ。

野球について話し合っても、会話が成立しない長嶋

監督として西武の黄金時代を築いた森祇晶《まさあき》は、

「王とは打撃論や野球論ができるけど、長嶋とはできない。会話が成立しないんだ」

とかつて言っていたが、まさにその通りだと私も思う。

一般社団法人日本プロ野球名球会という団体がある。バッターならば2千本安打、ピッチャーならば2百勝か250セーブを達成した選手が加入できる親睦団体だが、ある時の会合で、私は珍しく長嶋と長い時間話す機会があった。

その際、バッティングのことや、野球理論全般に関して、彼に聞いてみたいことがあったので、いろいろと尋ねた。だが、はっきりとした答えは何一つ返ってこなかった。

天才・長嶋はふだんどんなことを考えているのか、その一端でも知り得たらとの思いからだったが、明確な考えは何一つ聞くことはできなかった。というよりも、長嶋は天性で野球をするタイプであり、その意味では本当の「天才型」であって、感覚だけでプレーをする選手と言えた。

そこに理論や哲学はない。だから野球の話をしても、会話が成り立たない。話が通じないのだ。

一つ例をあげると、長島はバットに関してこだわりが全くない。バッターは自分のバットにこだわり、握るグリップなどはミリ単位で調整する傾向がある。その傾向は記録を残すほどの打者であればあるほど強い。自分仕様の、自分がもっとも使いやすいバットにこだわるからだが、長嶋には全くそれがなかったようだ。

六大学野球時代の彼の記録である通算8本塁打も、実はすべて他人のバットを使って打ったという話もある。たまたま自分のバットが見当たらず、適当にボックスから他の選手のバットを借りて打ったのだ。巨人の関係者の話では、プロになってからもその無《む》頓着《とんちゃく》さは変わらず、他人のバットでよく打席に立ち、しかもヒットやホームランを打ったという。

私のライバルは長嶋ではなく、王だった

私の、本塁打657本、打点1988、塁打5315という生涯通算記録のすべてが歴代2位である。

歴代1位は王貞治のものだ。

私が王よりも成績がよかったのは、出場試合数の3017と、打数10472、盗塁117ぐらい。だからこそ現役時代は、

「王さえいなければ、俺が……」

と何度思ったかしれない。王さえいなければ、私が日本プロ野球ではホームランの数も打点も歴代1位の記録を残せたのだ（ちなみに王は、本塁打868本、打点2170、塁打5862）。

長嶋の記録はというと、通算成績は本塁打が444本、打点1522、塁打4369と、私よりも落ちる。

だからというわけではないが、現役時代、私は特に長嶋をライバル視したことはなか

った。監督としてはライバルだったかもしれないが。だが王に対しては違った。王は私のライバルであり続け、常に、

「王には負けたくない」

という一心で現役時代は努力してきた。その意味では、王という存在が私の記録を伸ばしてくれた原動力だったのかもしれない。王がいたからこそ、私も成長できたのだ。

温厚な性格の王、その意外な一面を語る証言

その王は、温厚な性格で知られている。

実際の王を知っている私から見ても、彼は極めて性格が穏やかだし、振る舞いは常に紳士的だった。

ところがそんな彼でも、時には珍しく怒ることもあったと聞く。

私の聞いた話はこうだ。

ある時、王は新聞記者たちを連れて、銀座に飲みに行った。その店は小さなステージのあるクラブで、ショータイムにはバンドをバックにして専属の歌手がいろいろな曲を歌っていた。

酒が進むと、記者の一人がある曲をリクエストした。歌手は笑顔で応じてその曲を歌い出したのだが、座は盛り上がって大騒ぎ。誰も聴いていない。王一人が、黙って、静かに歌手の歌に耳を傾けていたそうだ。

ところが、仕事のストレスから解放されたためか、記者たちの大声と哄笑はますます騒々しくなり、当のリクエストした記者も歌を聴いていなかった。

すると、突然、王は立ち上がった。そしてリクエストした記者の胸倉をつかんだという。

「おまえがリクエストした曲だろう。ちゃんと聴けよ。失礼じゃないか」

王は声を荒《あら》らげたそうだ。

「あの温厚な王がねえ……」

最初に聞いた時はそう思ったが、よく考えてみれば王は人情の機微をよく知る、情に厚い男だった。特に自分より立場の弱い人間には、配慮を欠かさない。そんな性格ならではの、王のエピソードだと思う。

年俸が日本一となった時、王は変わった

王はホームランを打っても、大袈裟に喜びを表わす選手ではなかった。いつも控えめに喜びを表わし、激しいガッツポーズなどもしなかった。それには理由がある。

高校時代、ホームランを打って喜びながらグラウンドを一周した王に、兄が試合後に諭したという。

「打たれた投手のことを考えろ」

この兄の言葉で王は態度を改めた。

現役時代、浴びるほど酒を飲みながら大成したプロ野球選手は、私の知る限り、王貞

治ただ一人である。

プロ野球の世界は、一流になればなるほど「酒はたしなむ程度」という選手が多かったが、王は例外だった。ただし、彼は飲んでも決して乱れない。泥酔することがなかった。

かくいう私は酒が体質に合わなかったことが、結果的にはよかった。27年間も現役を続けることができた理由の一つかもしれない。


王が現役時代、初めて年俸日本一になった時のことだ。

私が感心したことがある。その頃を境に彼がまた一段と大きく変わったからだ。王を見ていて「大人になったなあ」と感じたものだった。王はますます謙虚になり、いっそう周囲との調和を心がけた。

高給取りの自分に対する周囲の目、その気持ち、そして影響力をいつも気に留めていて、どんな末端にいる人間に対しても気遣う、おもんぱかる姿は、見事というしかなかった。

そしてなおかつ、成績が下がることはなかったのだ。

彼が一段と人間的成長を遂げていたのが、手に取るようにわかった。年俸日本一になっても奢らず、ぶれない。それが球界きっての人格者と呼ばれる理由の一つだった。

私と王の対戦成績は27打数1安打

王はバッターとして前人未到の記録を打ち立て、一野球選手としても立派だった。

それはもちろん認める。しかし……。

それにしても、だ。

「馬鹿！　なぜそんな簡単に王に打たれるんだ」

と私はよくテレビ観戦しながら、ブラウン管に向かって怒鳴ったものだった。

私のいた南海の所属するパ・リーグは、日曜日や祝日の試合はほとんどがデーゲームだったから、試合が終わると夜はいつもテレビで巨人戦を観戦していた。観戦というよりは、観察だ。「自分だったら、このケースはどうするか」というシミュレーションを常にしながら、研究していた。

ところが、相手チームのバッテリーはあまりにもあっさりと王に打たれていた。しかも繰り返し同じパターンで打たれるので、腹が立ってテレビに向かって怒鳴っていたわけだ。

「なぜセ・リーグのバッテリーはもっと王の対策を工夫しないのか」

理解に苦しんだ。

1973(昭和48)年に通算本塁打数で王に抜かれて以降、私はオールスター戦に本気になったのだが、この年以降のオールスター戦で、私がキャッチャーとして王と対戦したのは、全部で27打席ある。結果はヒット1本のみ。ホームランも打点もゼロ。ほぼ完璧に抑えている。

「よく見ろ。こういう配球ならば王は抑えられるぞ」

という心意気でマスクをかぶっていたのだが、結局、それは徒労に終わったようだ。ホームランも打点も、通算記録はすべて王に抜かれて私は歴代2位。今更ながら残念でならない。

王は、真ん中やや外側の球を好んでいた。

いわゆる彼の得意としたホームランゾーンだった。通常、王のようなホームランバッターに対しては、バッテリーはアウトコースの低めを中心にして攻めることが多い。インコースは思いっきり引っ張られるという怖さがあるからだが、実は、王はそれほどインコースを打つのがうまくはなかった。

ところがあの一本足打法で、インコースをライト方向に強引に引っ張られると、バッテリーはどうしても恐怖を覚えてしまう。そのためアウトコース中心に攻めるという一本調子になっていた。そしてアウトコースから少しでも中へ甘く入った球を、王は決して見逃さなかった。

私はピッチャーに、王のインコースを攻める球を要求した。直球ではなくスライダーなどで、ストライクゾーンからボール球になる軌道を使う。こうすると打ってもファウルになった。

ファウルでカウントをかせぎながら、勝負球は王の一番好きな真ん中やや外寄りのアウトコースを突く。もちろん直球ではなくスライダーやシンカー、フォークボールだ。あるいはそのアウトコースに、ボールゾーンから曲がって入ってくる変化球でもいい。これで抑えることができた。

セ・リーグの巨人以外のバッテリーにも知って欲しいことだった。

第2章

名打者たちの名ゼリフ、名ドラマ

とんでもないことをシレッといい切れる三冠王・落合

三冠王というタイトルがある。

首位打者、本塁打王、打点王の3つのタイトルを獲《と》ることであり、最初の三冠王は、戦前の巨人・中島治康《はるやす》さんだった。

戦後は、私が初めて三冠王を獲り、前述した王も2度獲っている。長嶋は三冠王は獲っていない。私と王以外では、ロッテの落合博満、阪急（現オリックス）のブーマー、阪神のバース、そして最近では福岡ダイエー（現ソフトバンク）の松中信彦が獲っているが、それでもたった7人だ。

ところがこの中で三冠王を3度獲った男がいる。それが落合だ。落合は打つという点では、とにかく桁外れの選手なのだ。そしてその性格も桁外れなところが選手時代からあった。

昔、キャンプ中、ロッテの選手だった落合に聞いたことがある。

「今年のロッテはどうだ？　優勝できそうか」

と聞くと、

「ダメでしょう」

驚くほど素っ気ない返事をするのがこの男、落合の特徴だった。まだ開幕前だというのに、自身のチームの優勝は「だめでしょう」とはっきりいう彼に、

「では、いったいどうすればロッテは優勝できるんだ?」

と聞くと、

「僕らに任せてくれればいいんですよ」

とこれまたシレッと切り返されてしまった。

落合という男は、このようにとんでもないことをあっさりと、シレッといってしまうことにかけては球界ナンバーワンである。彼の右に出る者はいなかったし、今もそうだ。

落合にインタビューすると驚く返答ばかり

彼に驚かされたことは他にもまだある。

「僕、練習が嫌いなんです」

とは、現役時代、「オレ流」の落合にインタビューした時に聞いた言葉だ。

私はそれまで、プロ野球選手の口から「練習が嫌い」とまともに聞いたことはなかった。また私の現役時代は、仮に一時的に思うことはあっても、絶対に口には出せない言葉だったので、落合のこの言葉には大変驚かされた。しかし驚いたのはそれだけではない。いや、インタビュー中、質問に対する返答のすべてが、驚くべき内容ばかりなのだ。

「右バッターなのに、ライト方向によう打つよな。しかもホームランを。あれ、狙って打てるもんなの?」

と聞くと、

「いやあ、狙っていませんよ」

とこれまたシレッという。では「狙い球を決めているのか」と聞くと、「狙い球なんてないですよ。ストレートしか待っていません」と煙《けむ》に巻いてきた。

彼は正直に話さない。すべてが企業秘密。そうとしか考えられない。右バッターなのに、ライトスタンドにホームランの6割近くを打ち込んでいるのは、狙い球もなくストレートだけを待っているバッティングでできるわけがない。

「じゃあ、おまえは生まれたままの天性でやっているんだな。それでホームランが打てる。そんなに打てるなら、親にもっと感謝しなきゃいけないじゃないか」

と冗談をいうと、

「僕もそう思いますよ」

と返ってきた。まさに、ああいえばこういう天邪鬼《あまのじゃく》タイプの男だ。

それは監督になってからも変わっていないと思う。落合が中日の監督に就任した時、

「これまでとは180度違う野球をする」

といって話題になった。私も関心を持って見守っていたが、見ればなんということはない、ほとんどオーソドックスな戦法だった。しかも徹底していた。

たとえば攻撃の時、ノーアウトでランナー一塁、バッターが八番の場面では決まってバントをさせていた。一塁ランナーを二塁へ送ってワンアウト。次打者の九番は投手だから、ほとんどが三振でツーアウト。それでもツーアウト二塁で一番につなげるほうが、得点の確率が高いと考える戦法だった。手堅い戦法を徹底していた。

何度も驚かされた田淵の名言（迷言）

名言（迷言）で思い出すのは、「タブチくん」の愛称で親しまれた田淵幸一だ。ある年、開幕スタートとともに彼が調子よく何本もホームランを連発している時があった。

テレビの取材クルーに、

「好調の原因は？」

と聞かれた田淵は、

「最近はよく走り込んでいるので、きっとそれが影響していると思います」

と答えたのだが、周囲のチームメイトは皆、失笑していたという。

というのは、その頃、田淵は試合前になると時間にして10分ほど、監督のイージーフライのノックを受けていたが、田淵はその10分程度のノックを「よく走り込んでいる」と表現したので、同僚の失笑を買ったのだ。

「あれで走り込みとはね」

と同僚たちは呆《あき》れていた。

田淵には、名言（迷言）が多かった。

私と同じ捕手というポジションだったので、

「キャッチャーとして一番大切なことは、なんだと思っている？」

と、一度あらためて聞いてみたことがあった。すると彼は、

「ボールを後ろにそらさないことですね」

と真顔でいうのには参ってしまった。小学生のキャッチャーがいうようなことを平気でいうのだ。練習嫌いの彼に対して、

「プロになってから素振りは特にしてないのか」

と聞くと、

「素振りって、なんですか」

と、これも真顔で逆に質問されてしまった。これらの問答はつまり、裏を返せば、田淵はほとんど天性のままで野球をやっていたということだ。

親にもらった生まれつきの恵まれた身体能力で野球を続けていた。もし彼が一日３百

回、5百回と素振りをしていた王や張本のように練習をしていたら、きっと打撃のタイトルを総ナメしていただろうに……と思うと残念でならない。

あれはオールスター戦の時。

当時、セ・リーグで阪神のルーキーだった田淵が打席に立った。パ・リーグの南海のキャッチャーだった私はマスク越しに、

「おまえは新人やから打たせてやるわ。まっすぐ放らすから、ええな」

とささやいてみた。実際はカーブのサインを出して投手はその通りに投げ、私のささやきを真に受けた田淵は三振してしまった。

このことはすっかり忘れてしまっていたのだが、何年も経《た》った後で顔を合わせた時、

「野村さんのあの一言は今でも忘れられません。プロっちゅうとこはホンマごっついとこやと思いましたわー」

と言われて、恐縮してしまった。

ファーストに転向していたかもしれない私

田淵に関しては、もう一つ思い出がある。

忘れられない思い出だ。

というのも南海時代、レギュラーのキャッチャーだった私は、もう少しのところでキャッチャーからファーストへ、転向させられる危機的時期があった。

それは1968(昭和43)年のこと。

東京六大学野球で脚光を浴びていた法政大学の田淵幸一を、南海はドラフト1位で指名するという話があったのだ。

私は南海の二軍時代にも、一度、ポジションを一塁にされたことがあった。その記憶が蘇《よみがえ》って不安だった。

田淵はバッティング面では強打者としての素質十分で、肩もよかった。彼が入団してくれば、もはやベテランの域に達していた私は正捕手を外され、ファーストに回されるかもしれない。そう危惧していた。

ところが、それは幸運にも杞憂《きゆう》に終わった。田淵は阪神タイガースが単独指名し入団が決まったからだ。

人生の妙だったと思う。

田淵がぼやいた「ダッシュはしんどいですわ」

広岡達朗《たつろう》さんが西武の監督をしていた頃の話だ。

春のキャンプで、一塁走者となった選手が、ピッチャーの牽制《けんせい》に対してヘッドスライディングで一塁に戻る練習をしていた。

足ではなく、手から一塁に戻る練習を繰り返し何度も何度もやらせていた。これは、走者がリードを数歩伸ばして、リードを大きくとるためであり、進塁の可能性を少しでも高めようという試みだった。

リードが大きければ大きいほど、牽制された場合、戻るのが大変である。足で滑り込むよりも、頭から、手からスライディングしたほうが早く戻れる。

野手が順番で練習をするのだが、田淵幸一の時は大変だった。なにしろあの巨体だ。どうしても動きは鈍くなる。牽制球で戻る際も、グシャッと倒れるような形でヘッドスライディングする姿は、見ていて妙におかしかった。

ましてや、一塁から二塁に走る場面では、ゲッツーを防ぐために激しいスライディングをしなくてはならない。打球を捕球した三塁手が二塁に投げたが、二塁へカバーに入った遊撃手は、巨体を揺すってスライディングしてくる田淵に恐れをなし、一塁への送球が大きくそれていた。味方をも恐れさせる巨体だった。

しかし田淵は、広岡監督の指導に従い、いい方向に変わっていた。守備などにも積極的に取り組み、西武ライオンズの1982、83（昭和57、58）年の優勝に貢献した。

話はさかのぼるが、1979（昭和54）年、西武のフロリダキャンプの時（当時の監督は根本陸夫《りくお》氏）。当時、私は田淵と同様、西武ライオンズの選手だった。

私がキャッチャーで、田淵幸一がファースト。送りバントの場面を想定して、

「一度、一塁からダッシュしてみてくれ」

といった。巨体の彼にどれくらいの走力があるのか。それを見極めたうえで、送りバントをされた場面にどう対応するべきか決めようと思っていたのだが、田淵の返事は、

「ダッシュはしんどいですわ」

だった。

その頃に比べれば、広岡監督時代の田淵は見違えるほど一生懸命に走り、スライディングしていた。きっと広岡監督の指導の賜物《たまもの》だったのだろう。

考えることが苦手のようだったミスタータイガース・掛布

ミスタータイガースの3代目は田淵とされるが、田淵は西武にトレードされて阪神で現役生活を全《まっと》うしなかったため、数えない場合もあるようだ。しかし、4代目の掛布雅《かけふまさ》之《ゆき》は阪神だけで現役を終えている。

その掛布は、阪神入団当初はほとんど注目されることはなかった。

しかし私は当時の彼を一目見て、とても印象に残った。理由ははっきりしないのだが、

どこか妙に目立つ存在感を感じさせたからだ。

現役時代の掛布は、ヤマをはらない、来た球を逆らわずに打つというタイプのバッティングが特徴だった。

「僕はヤマをはるのが嫌いなんです」

とはっきりいっていたこともある。しかし彼はヤマをはるということを、カンで狙い球を絞る、という程度に考えていた向きがあった。ヤマをはるとは、カンではなく、根拠を持って次に来る球のコース、球種を読むことをいう。

それには頭を使わなければならない。データをとり、分析し、活用して、場面場面に応じた対策をとる。そのためには、理詰めの考えが必要となる。失礼な言い方かもしれないが、掛布は頭を使うことは苦手なように見えた。

ある時も、巨人戦を前にして、

「僕に対してはこの頃、巨人のピッチャーは内角に投げてきませんね」

といっていたことがあったが、私は気になってその後調べてみると、決してそんなことはなかった。たしかに、カウントが2‐0、3‐1とボール球が先行している場面では内角には来ない傾向があった。しかし0‐1、1‐2といったストライクが先行している場面では、内角によく球が来ている。ということは2‐0、3‐1のカウントならば外角に、0‐1、1‐2のカウントならば内角にヤマをはることは可能なのである。ところが掛布はそれをしない。

頭を使わないというべきか……。とにかく、そういう選手なのだ。しかしこうした状態でも阪神の四番を打つようになれたということは、うらやましい限りだ。もっと頭を使えば、ホームラン記録を伸ばせたのではないかと思われるのが残念である。

落合と掛布の共通点

掛布について考えていると、落合博満を思い出すことがある。ある共通点があるからだ。

落合が快調にホームランやヒットを打っていた時、ネット裏から観戦していた私は聞いたことがある。

「方向を決めることもなく、狙い球を絞ることもないといってたな。それなのにこれだけ打てるのはたいしたものだ。天才だよな」

というと、落合は、

「そんなことはないですよ」

と一応は謙遜《けんそん》していた。重ねて、

「しかし日本は右ピッチャーが多いから、俺やおまえのような右バッターは、背中から球が飛んでくる感じで不利だ。そうなるとある程度球を絞り込まないと打てんやろ。左のピッチャーは打てるだろうが」

と水を向けると、

「いえ、僕は左のピッチャーが嫌いなんです」

とまた意外なことを口にした。

右バッターは、左投手を相手にする場合、球をリリースする（離す）瞬間まで視界に入るため、よく相手が見えるし球種もわかりやすい。そういう意味で有利のはずなのだが、落合はあっけらかんとその常識を否定した。しかも、ゆるんだ表情でいうのだ。

考えてみれば、私から見た選手時代の落合は、怖い顔というものがない男だった。三冠王を3度も獲っていながら、周囲を寄せつけない威圧感、威厳のようなものがまるでない。感じられない。燃えているという気合いのこもった表情も全くなかった。いつも顔が笑っているのだ。締まりがないと言えばそれまでだが、その点ではいつも笑っている阪神の掛布と似たところがあると思う。

ただし監督になってからの落合は威厳が出てきて、むやみに笑わなくなった。万年Bクラスだった中日をAクラスの常連にしたのだから、まさに名監督の器だった。

やはり球界のおぼっちゃまくんだった巨人・原

落合が中日の監督を退いてから、セ・リーグは巨人の一強時代になったかのように見える。言うまでもなく巨人の監督は原辰徳だ。その原の現役時代、私は彼をどう見ていたか。

原がまだ巨人に入団まもなく、新人だった頃。

彼はもともと三塁手だったが、多摩川のグラウンドで練習をしている時、不慣れな二塁手のポジションで練習をしていたことがあった。

見ていると、妙なプレーがあった。今でも覚えている。それは頻繁に行うバックトス（内野ゴロを捕球後、右手の甲を返して、二塁に送球するプレー）だった。

具体的に言うと、ランナー一塁の場面で、一、二塁間に飛んできたゴロに二塁手の原が飛びつく。そして二塁のベースカバーに入った遊撃手に対しバックトスをする。それがやたらと多い。1度や2度ではなかった。何回もバックトスをするので、私は不審に思ったほどだ。

それは、なぜか——。

こうしたケースでバックトスをしていいのは、ゴロが一、二塁間のラインよりも内側、二塁ベース寄りに飛んできた場合だけだ。本来ならば、捕った後は下からのトスが原則である。二塁ベース寄りのゴロを捕球した後のバックトスであれば、距離も近くミスの可能性も低い。また、二塁手は二塁ベースに送球する際、身体の向きを変えなければならないが、バックトスならその必要がない。すなわち、走者の走力や打球の速さによっては必要となるプレーなのである。が、不必要な場面であえてやるプレーではない。

バックトスは、見た目には華麗なプレーに見える。が、不必要な場面でやるなら不用意なプレーといえる。そのバックトスを原はやたらと披露するのである。これは、おぼっちゃまくんだなと思わざるを得なかった。高校、大学と常に日の当たるレギュラーとして活躍し続けた彼は、やはりどこかぼっちゃん育ちなのだ。

私が捕手ならば、原は2球、3球で料理できた

まだ若い頃の原は、私がもしマスクをかぶって対戦すれば2球で料理できると思ったものだ。彼は右バッターだったが、スイングの際、右の肩が前に落ち、左足に体重が早く移動しすぎる欠点があった。こういうフォームだと、1球目は内角の高めに速い球を見せ、2球目に外角に落ちる球を投げれば内野ゴロにできる。

しかし、そのうち彼も成長した。私もそんな原を見て、

「彼を打ち取るには3球必要」

と感じるようになった。

1球目は外角に逃げていく変化球。ストライクゾーンギリギリの外角がいいだろう。彼は初球の外角球に全く手を出さなかったからだ。

そして2球目は胸元をえぐる内角への変化球を投げさせる。ストライクゾーンからボール1個分、外す。そして3球目は外角へ逃げる、あるいは落ちる球で勝負。3球でよかった。こういうことをいうと失礼だが、若い頃の原は、そんなレベルだったのだ。

テレビを見ているだけで盗塁するかわかった原のプレー

巨人の現役選手として活躍していた頃の原は、テレビで見ることが多かった。

彼が塁に出た時のリードのとり方は、彼の単純明快な性格を率直に反映していて、大変興味深かったものだ。

原のリードはそもそも小さい。だから相手チームにとっては盗塁の危険性は少ないのだが、逆にいえば牽制《けんせい》で刺すことは難しい。ところがよく見ていると、彼のリードはワンパターンの特徴があった。

彼の通常のリードは、自身の身長より短いくらいだったろう。この状態ならば「走りませんよ」ということだった。ところが、セカンドに近いほうの右足に、頻繁に体重移動している仕草を見せると、「走りますよ、盗塁しますよ」という前兆だった。

実際、その通りに彼は走っていた。

この原の特徴は、茶の間でテレビを見ているだけで、一塁上の彼の姿が映ればわかることだった。しかも、ヒットエンドランのサインが出た時は、原は必ず通常のリードよりさらに小さく、1メートルほどのリードをとる。盗塁に比べて、ヒットエンドランはリードを大きくとる必要がない。野球教本に書かれた通りのプレーを実行していた。

根が真面目すぎるからなのか、あるいはとても正直なのか、原の性格の一端がわかるプレーだった。しかしどちらにしろ、テレビで見ていてもわかるようなリードのとり方は、およそプロとは言いがたい。アマチュアのレベルだ。

しかしもっとも問題なのは、原ではない。このようなわかりきった原の特徴に気づかずに盗塁されたり、ヒットエンドランを成功されたりする相手チームのバッテリーのほうだ。

大リーガーの打ち方をした唯一の日本人打者

広島の衣笠祥雄《きぬがささちお》は、いわゆる強打者タイプだったが、彼のバッティングフォームは日本では異例のスタイルだった。

衣笠は右打者だったが、その打ち方は、身体ごとボールに対してぶつけていくような、突っ込んでいくスタイルで、大リーガーに多いバッティングフォームだった。通常、日本の模範的なバッティングは、構えた状態で身体を上下に動かさず、体の軸をぶらさないことを第一に心がける。そして腰を中心に身体を回転させミートしていく。重心はインパクトの瞬間まで、右打者の場合は後ろの右足、左打者の場合は左足にある。

インパクトとともに、右打者は反動をつけるため前足の左足に重心を移動させながらボールを打ち返す。ところが衣笠の場合は、身体をピッチャーの方向に動かし軸がぶれた状態で、重心を右足から左足に変えながらボールにぶち当たっていくフォームだった。この大リーガースタイルのフォームで、打率2割7分、8分という成績を毎年あげていたのだから、たいしたものだ。

彼がどうしてこんな日本人離れした打法で活躍できたのか。その理由の一つは、2215試合連続出場、17年連続全試合出場の大記録が証明しているように、強靭《きょうじん》な身体能力にある。「全身是バネ」のような筋肉は決して硬くなく、柔らかい弾力があり、けがに強い体質だった。致命的なけがを回避する抜群の反射神経にも恵まれていた。

昭和20年代、戦後の日本で、外国人の父親と日本人の母親との間に生まれ育った彼は、いろいろと好奇な目にさらされたことだろう。差別なども受けたかもしれない。

それでも「僕のような子供で、グレてしまった者もようけおったけど、なぜか僕はそうならずにすんだんです。野球というものに出会って頑張れたからじゃないですか」と本人がいうように、その天性の運動神経、身体能力を野球に結実させることができたのがよかったのだろう、京都の名門・平安高校（現・龍谷《りゅうこく》大学付属平安高校）に進み、甲子園に出場、プロ野球選手になった。野球の道をひたすら邁進《まいしん》した努力が報われたの

だ。平安高校のある関係者は、

「高校時代の衣笠は、呼び出して苦言を呈すると、きちんと受け入れて反省してくれる子やった。でも帰っていく後ろ姿を見ていると、音楽のラップを聴いて調子を合わせているかのように、ぴょんぴょん跳ねるように歩くので、こちらはおちょくられてるのかと思うこともあった」

と証言している。もちろん、おちょくっていたのではなく、彼の身体が全身バネのようにしなやかだっただけだ。

肩甲骨《けんこうこつ》を骨折しながらなぜバットを振ることができたのか

私には通算3千試合（正確には3017試合）出場という記録があるが、衣笠の2215試合連続出場はそれを上回る大記録だ。

3千の試合に出場したからこそ、衣笠の連続出場の価値も身にしみてわかる。

ボールに対して踏み込んでいく、突っ込んでいくバッティングスタイルのため、当然、衣笠はけがが多かった。右手首の骨折、左肋骨《ろっこつ》の骨折、そして左肩甲骨《けんこうこつ》の骨折。大きなけがもたくさんあったが、彼は出場し続けた。

それにしても不思議なことは、肩甲骨を骨折していてなぜバットが振れたのか、ということだ。理解できないが、それが「鉄人」衣笠の真骨頂なのだろう。

肩甲骨は肩と腕の要。ここを骨折していたら、痛くてバットは振れないはずだ。よしんば振れたとしても、普通の選手ならなかなか打席に立つ気持ちにはなれないはずだ。

そんな状況でも平然と打席に立つ。彼が「鉄人」と呼ばれるゆえんだろう。

ところで、彼は頭部にデッドボールを食らったことがないのではないかと思う。なぜか。反射神経がいいからだ。かつて広島の専属トレーナーは、

「衣笠はけがをしても回復力が並の選手とは違い、断然早かった。それにもましてすごかったのは致命傷になるような場面でもそれを避ける、回避する本能的な身体能力、反射神経が素晴らしかったことだ」

と証言していた。

「ストライク」を「ボール」にした張本のにらみ返し

今テレビ番組に「ご意見番」として登場している張本勲《いさお》は、バッターボックスでにらみを利かせるのが実にうまい選手だった。

何に対してにらみを利かせるかというと、球審に対してだ。

彼がボール球と思って見逃した球を球審が「ストライク！」といおうものなら、張本はあの目つきでギロッとにらんだ。それが度重なると、球審も自分がかわいいためか、態度が変わってくる。微妙な球を張本が見逃すと「ボール！」といい始めた。しまいには、明らかなストライクでも彼が見逃すと「ボール！」と判定するので、

「いざという時には私が必ず身体を張って守りますから、大丈夫ですよ」

と私は審判に妙な助言をしたことがあった。

「張本が怒って手を出してきたら、私が身体を張って守りますから、ストライクはストライクとしっかり判定してくださいね」

といっていた。それにしても張本は自分の怖そうな顔を利用するのがうまかった。東

映フライヤーズの時代は、本拠地・駒沢にいたため「駒沢の暴れん坊」などと称されていたが、彼は実際は手を出すことはほとんどない。にらみを利かせるだけだ。

試合中、いざ乱闘騒ぎというような場面でも、彼は非常に冷静に動いていた。決して暴れたりはしない。むしろ避けていた。気がつくと姿がそこにない。要するに利口なのである。

しかし審判だけはその怖い顔にずいぶんと騙《だま》されていた。今思っても残念で仕方ない。

強面の張本も、苦労人だった

私が監督をしていた時、私の「ボヤき」はよくメディアに取り上げられたが、現役時代はキャッチャーマスクの下からささやき、打席に立つ打者の心理をかく乱したり、打ち気をそらす作戦をよく行った。

張本勲とは通算で19シーズン、対戦したことになるが、彼にはよく打たれたという印象しかない。

ささやき作戦も、彼には全く効果がなかった。

「おまえ、生意気だぞ」

とささやいても、微動だにしない。反応がないのだ。しかしそのうち、張本は若い頃から苦労し、母親を少しでも楽にさせたいためプロの世界に入ったことを知って、作戦を変えたことがある。

「ハリ、うちのピッチャーなあ、もうすぐ子供が生まれるんや。これからも稼がなきゃいかんからなあ。あんまりしんどい思いさせんといてくれ」

と、泣き落とし作戦に出たのだ。すると、張本はこの時ばかりは静かに私を振り返って、

「ノムさん、そういうのはやめてください」

と真顔で反応してきた。

あの時の顔は今でもはっきり覚えている。張本は苦労人なのだ。

張本は右手に障害があった。

幼少時、焚《た》き火をしていたところにトラックがバックで突っ込んできて、右手を大火傷《やけど》したのだ。そのため彼の右手の小指と薬指が不自由になってしまった。このハンデのため、彼のバットはいつも特注品だった。右手で握るグリップの部分が、丸くなく直角になり、滑らずに握りやすくなっていた。こうしたハンデを乗り越え、1970（昭和45）年には3割8分3厘という高打率を記録し、安打数では通算3085本という大記録を達成したのだから、見事としかいいようがない。

「行かずの藤田」と揶揄《やゆ》されても素振りをした藤田平

阪神の藤田平《たいら》は、ユニークな選手だった。

「高校野球が生んだ天才」と騒がれて入団。18年間打撃ベストテンに名を連ねてきた選手でありながら、スポーツ新聞の一面を飾る派手さがなかったのは、不思議である。

藤田は、性格がいたって地味で、動作の一つひとつに覇気やメリハリが感じられないのか、周囲からは誤解されがちな面があった。

これは私にも同じ傾向があり、感情むき出しのプレーや、ファイト丸出しのプレーが少なかったため、

「おまえ、やる気あるのか」

「悠々と動いてるな、おまえ」

などと、よく先輩や指導者から怒られたものだった。本人としては一生懸命にやっていたのだが。藤田も同じタイプだった。

彼は人一倍、練習熱心であり、その分、仲間との飲み会の付き合いは非常に悪かったという。先輩が後輩を連れて夜の街に繰り出す時も断る。そうしてひたすら素振りの練習をする藤田を、周囲は「行かずの藤田」などと揶揄《やゆ》した。

「おまえの活躍で、わいはもうクビやなー」

「ホンマ、付き合いの悪いやっちゃー」

皮肉をよくいわれたそうだ。しかし藤田は自分の意志を貫いた。そこがえらいと思う。

そして彼は常に、外部の目に触れないよう、ひっそりと、ただ一人で黙々と練習をするのを好んだ。これは何人ものスポーツ新聞記者が目撃したことだが、藤田が素振りをし

ていて、人が近づいてくる気配を感じるとピタッとやめてしまうそうだ。

「やあ藤田さん、こんな夜にも熱心ですね。えらいですね」

記者は感心して声をかけるが、「えっ？　なんのこと？」としらを切って、とぼけるのだという。決して他人に自分の汗をかく姿を見せなかった。

そして人の何倍も練習し、素振りを繰り返した。

相手チームの練習を必ず観察していた藤田

彼は、師匠として仰いだ同じ阪神の藤井栄治の、

「プロは誰も教えてくれへん。自分で盗む。うまくなりたきゃ誰からでも技術を真似《まね》て盗め」

という忠告を素直に守っていた。最近の選手は、試合当日、相手チームの練習風景にまったく関心を示さない者が多い。しかし、藤田はグラウンドにいてもベンチにいても、いつも相手チームの練習光景に目を凝らしていた。

天才というしかない彼でもなかなか越せなかった「打率3割の壁」。それを突破したのは1974（昭和49）年。大洋のシピンのバッティングフォームをヒントに、バットを立てるそれまでの姿勢から、横に寝かせて肩にかつぐようなフォームに変えてからだ。そして1981（昭和56）年には首位打者のタイトルを獲得した。

しかし私は、藤田以上に素振りをしていた選手を少なからず知っている。また、他球団の選手の技術を懸命に研究して盗む選手も何人も見てきた。しかしそのほとんどの選手は、せいぜい一軍半のレベル止まりだった。決して3割は打てなかったのだ。だからこそやはり、藤田を評するには、「天才」という言葉を使ってしまう。そうとしかいいようがない。

「天才」という言葉で評さないと、彼と同じ努力をした選手たちがかわいそうだ。浮かばれないと思う。

この「ヒットを打つ天才」は、チームでは常にナンバーツーの居場所を確保して、自分は目立たないよう気を配っていたようだ。派閥争いがお家芸の阪神に在籍しながら、田淵・江夏時代でも、掛布・岡田時代でも、常に日陰にいて目立たない存在に徹していた。なかなかできる芸当ではない。

私の家の隣に引っ越してくるほど熱心な柏原

南海や日ハム、阪神で活躍した柏原《かしわばら》純一という選手は、奥さんに支えられた、恵まれた選手だったといえよう。

南海時代には、わざわざ私の住むマンションまで引っ越してくるほど、野球に対する熱意があった。奥さんの強い勧めがあったからだという。柏原は熊本県の八代東《やつしろひがし》高校から南海に入団してきたが、奥さんは八代東高校野球部の元マネージャーだった。とにかく夫の尻をたたき続け、四番打者にまで成長させたのだから立派なものだ。

身体は硬いほうだったが、器用さがあったので、二軍時代には投手、捕手、ショート以外のポジションはどこでもこなした。バッティングに難があったので、四番打者になってからも、私は、「おまえは史上最弱の四番打者」とボヤいていたほどだ。

「毎日毎日、素振りを欠かすな」

と命じたが三日坊主で長続きしない。当時、私の家の庭にはティーバッティングの練習ができる環境があって、私がバットを持って出ると、私の妻が柏原の家の窓をたたいて、「ほら、始めるわよ」と合図する。すると奥さんに尻をたたかれながら柏原が出てきて、ともに汗を流したものだ。

今思い出しても懐かしい、そしていい思い出のひとコマだ。

飛距離ナンバーワンの強打者・門田は情が厚かった

門田博光は、日本人選手の中では打球の飛距離がナンバーワンの打者だったと思う。現役時代、彼のホームランを何度も目の当たりにして、率直なところそう感じている。私が3千試合出場という記念すべき記録を立てた試合の時、私は西武の選手だったが、相手チームにいた門田は、

「こういう時に野村さんに恩返しをしたい」

といってきた。何をしてくれるのかと思っていたら、キャッチャーマスクをかぶった

私の目の前で特大のホームランを2打席連続で打ったのである。捕手としての私は、ただ球を見送るしかなかった。3打席目に立った彼に、さすがの私も、

「わかったよ。もうわかったから、ええ加減にしとけや」

とボヤくと、なんと二塁打ですませてくれたのだから、器用なものだ。

彼にはこういう「情」で動く場面がしばしばあった。


話はさかのぼるが、私が南海の監督で、門田も選手として同じベンチにいた頃のこと。南海が相手投手をめった切りに打ちまくって、ベンチが大喜びで騒いでいると、

「あっちにも家族がおる。同じ野球でメシ食ってるんやからな。加減せななぁ」

とベンチでつぶやくのが門田だった。

「おまえは同情しても、相手はちっとも同情してくれへんぞ」

と私はその時たしなめたのだが、実際その試合、彼はその後、凡打を続けた。また別の試合で、3打席3安打と活躍し、4打席目も相手が同じ投手だと、彼は決まって手を抜いていた。相手投手のことをおもんぱかったのか、その是非は別にして、門田にはそ

ういうところがあった。

彼は44歳まで現役を続けた。通算ホームラン数は王と私に続き第3位（567本）。記憶にも記録にも残る選手だった。

測ったようにホームランを打てた「打撃の職人」

「打撃の職人」と呼ばれた山内一弘さんは毎日や大毎、阪神、広島で活躍したが、彼のホームランは、いつもメジャーで測ったかのように、フェンスぎりぎりに入るのが特徴的だった。

西鉄の強打者・中西太さんのホームランは、スタンドに放り込むような豪快さがあったが、山内さんのホームランはスタンドに落とす、といった形容が当てはまった。

山内さんは守備でも、その測ったようなプレーが随所に見られた。彼は外野手でレフトを守っていたが、本塁への返球は正確無比で捕手のところにピタリと届く。肩が強くないのでスピードはないのだが、あらかじめ落とす位置を考えながら投げる性格だった。

フリーバッティングの時も、レフトの定位置に立って打球の音と方向をいつもじっと観察していた。球場ごとの特徴を把握し、定位置から何歩下がればフェンスか、身体に染み込ませるように覚えさせ、体得していた。

気がついたら選手が全員寝ていた山内監督のミーティング

山内一弘さんのバッティングは、バットにボールを乗せるような打ち方が特徴だった。硬式テニスのラケットをバックハンドで打つように、手首を返さないで打つ。ラケットに乗せてそのまま打ち返す、送り出すような打ち方だった。ゴルフでいえばショートアイアンのような、ふわっと上に打ち上げる打ち方だ。

山内さんは、実直な性格で実績をひけらかさない。しかし話し始めると長いのが短所で、しばしば周囲をうんざりさせた。聞くほうが辟易《へきえき》してしまうほどの「長話」なのだ。「かっぱえびせん」というあだ名の通り、彼の話は喋り出したら止まらない。特にバッティングに関しては、「打撃の職人」と呼ばれただけあって、その理論、哲学は個性的で、語る彼の口調もひときわ熱がこもった。

山内さんがロッテの監督だった時、ミーティングで2時間、一人でしゃべり続けたため、気づいたら選手のほとんどが居眠りをしていたというほどだ。しかし居眠りしている選手を怒ることはなかった。温厚な性格だった。

二軍時代の私を大食いにさせた中西さんのバット

私が南海に入団してまだ二軍にいた当時、西鉄の強打者・中西太さんがバッティングしている練習光景を何度か見る機会があった。

その時、腰を抜かすほど驚いたことを、今でも昨日のことのごとく思い出すことができる。

まるでピンポン玉のように軽々と、中西さんの打つ打球はスタンドに飛んでいった。

「こりゃあ、とてもかなわんわ」

と思ったものだ。大きな身体を回転させて振り抜くバッティングフォームを見ると、バッティングにはパワーが必要だと思い知らされた。

これはプロでまだ活躍できていなかった頃、二軍時代の私が大食いになったきっかけとなった出来事だった。

とにかく食べて食べて、筋肉をつけパワーを持たなければダメだと思った。当時、南海のコーチだった蔭山《かげやま》和夫さんの家に呼ばれた時、ご飯を10杯以上おかわりして家族の方に驚かれたりした。そんな大食いの原因は、中西さんのバッティングを見た時から始まったのだった。もちろん、一軍に定着してからは大食いはやめたが……。

とにかくボールを遠くに飛ばす、この一点に関しては、中西さんと田淵幸一がダントツだった。

「足」でなく「目」で盗塁した福本の技

「現役時代、もっとも憎たらしいと思った選手は誰だったか」

と問われれば、私は迷いなく阪急の福本豊をあげる。

通算1065盗塁という前人未到の記録を打ち立てた福本には、さんざん走られ、「やられた」という気持ちが今でも強く残っている。福本は盗塁成功率が7割8分1厘、通算1656得点を記録している。1972(昭和47)年にはシーズン106盗塁という当時の世界新記録まで達成した。

盗塁は、足が速ければ成功するというような、単純なものではない。現に福本より足の速い選手でも、盗塁はほとんど成功しないという者も多かった。彼の一番の特徴は、そのスタートにあった。一塁に出る。盗塁という技にはリード、スタート、スライディングという3つの流れがあるが、彼の場合はピッチャーのフォームの癖を研究しつくし、モーションの動きの一つひとつを見逃さなかった。それが最大限に活《い》かされるのがスタートだ。

「スタートは、ピッチャーがセットポジションから投げる動作に移る半歩前、一歩手前で切るのがいい」

と語っていた福本は、ピッチャーが投げ始める寸前にスタートを切るため、とにかく速かった。

たとえばランナーが一塁の場合、リードをとり二塁への進塁を狙うわけだが、投手がいつ牽制球《けんせいきゅう》を投げてくるかはわからない。だからリードを長くとればとるほど牽制で刺される可能性も高くなる。だが福本は、ピッチャーの顔、腕、背中、グラブ、あるいは下半身のひざや足のちょっとした動きを見て、「もう牽制球は投げてこない」「このままキャッチャーに向かって投げる」ということがわかっていた。そのような根拠があったために、早いスタートを切れた。

根拠で走る福本に比べて、盗塁が得意な他の選手のほとんどは、カンで走っていたと思う。だからいったんスタートを切ってしまったらそのまま走らなくてはならない。そのため二塁でアウトになる確率が福本より高かった。福本はスタートが悪ければ無理せずに戻っていた。それができるのは、投手の癖を知り尽くし、盗塁を行ういいタイミングを熟知していたからに他ならない。

「盗塁は足でするもんやない。目でするもんや」

とは、福本名言録の最高傑作だ。

彼はピッチャーの一挙手一頭足をよく見て、癖を盗んだわけで、性格的にも注意深い性格と言えるだろう。悪く言えば、「細かすぎる」わけだ。

球場が人工芝になってから、彼はスパイクを履きかえるようになった。守備の時のスパイクを、攻撃の際、履きかえる。彼の注文を受けてスパイクを製造していたメーカーは、

「注文が細かくて細かくて……。もうほんと困ります」

と悲鳴をあげていたのを思い出す。

福本に「ささやき作戦」で虚《むな》しい応戦

福本は他球団のすべての投手をVTRで撮影し、ランナーがいる時のモーションから牽制の癖まで調べたという。

盗塁の成功は研究に研究を重ねた賜物《たまもの》だったが、毎回好きなように走られる捕手の立場としては由々しき事態であった。

打席に迎えた選手が大打者であったならば、こちらとしては配球を考え、なんとか抑える方法を考えることができたのだが、盗塁はそういう余地がなかった。守備隊形を変えても効果がない。打者に対しては最悪、敬遠という奥の手もあったのだが、盗塁は敬遠ができなかった。福本に走られると、翌日のスポーツ新聞には決まって、

「野村の肩も弱くなった」

と書かれるのが辛《つら》かった。しかしキャッチャーの力だけではどうしようもなく、防ぎようがなかった。

お手上げ状態だった私は、ある時からバッターボックスに福本を迎えると、ささやき作戦でなんとか彼の心理状態をかく乱しようと試みた。

スポーツ新聞で、福本が家庭では奥さんに「豊ちゃん」と呼ばれていることを知ると、

「おまえ、家では豊ちゃんて呼ばれてるらしいなあ……。もう子供もおる歳なのに、なにが豊ちゃんやー。しゃあないなあー」

とささやきながら、女の声音で、

「豊ちゃーん、豊ちゃーん」

とささやき続けた。しかし、ほとんど効果はなかった。後日、

「野村さんにはいろいろささやかれましたけど、あの『豊ちゃーん』が、一番効きよりましたわー」

と笑っていた。

福本対策で編み出したクイックモーション

ピッチャーのクイックモーションは、福本対策のため私が初めて考え出した策だった。ピッチャーの投球モーションをできる限り小さくし、盗塁を刺す。

だから当時は「クイックモーション」ではなく「小さいモーション」といっていた。こうすることで、ピッチャーが振りかぶってからキャッチャーミットに届くまでの時間を短縮して、盗塁を封じる。福本への対策を考えたわけだ。

今では当たり前になっている、投手のクイックモーションだが、何を隠そう、考案者はほかならぬこの私なのだ。

もちろん、そのような対策をとることになった福本の足、走塁技術も、「野球を変える」ほどの脅威であったのはいうまでもない。

第3章

名投手たちの知られざる素顔

堅気の人間には思えなかった江夏のファッションセンス

私は捕手として27年間、現役を過ごしたが、さまざまな投手の球を受けた中で、もっとも球が速いと感じたのは阪神のエースだった江夏豊だ。

正確にいえば、全盛期の江夏である。

彼の全盛期のストレートは、比べるものがないスピードと威力があったのは間違いない。

その昔、テレビ番組で江夏と対談することがあった。

その時、スタジオに入ってきた彼の服装を見て、驚いてしまった。グリーンのタータンチェックのジャケットを着て、その下は黒のチョッキに黒の幅広ネクタイ。同じ黒のスラックス姿というのは、どう見ても堅気の人間には思えなかったからだ。

この服装こそが、江夏の一種の自己主張の表われなのだろうと思う。

おおよそ投手というものは野手に比べてプライドが高く、自己中心的思考の持ち主が多い。その中でも、江夏ほどの大投手になれば、その個性的な振る舞いや行動はいっそう際立つのは当然かもしれない。

彼は現役時代、開幕までの準備期間には、２５００球を投げ込むと自ら決めていた。これは監督やコーチがなんといおうと、頑として変えない彼独自の調整法であった。２４９０球でも、２５１０球でもいけない。２５００球と決まっていた。そして実際は２千球と５百球に分けて２段階の調整を行っていた。

第１段階は２千球。この２千球の投げ込みで肩を徐々にならし、段々と身体をつくりあげていく。そして第２段階の５百球では、どの球も全力投球して万全の態勢にもっていく。ちょうどオープン戦を、第２段階の投球練習の中間、あるいは後半あたりになるようにしていた。

これが彼の独自の調整法であり、オープン戦前半に登板して、仮にメチャクチャに打たれたとしても全く気にしない。調整中の段階では、結果は全く関係ないというわけだ。

江夏に限らず、一流のピッチャーは、オープン戦を調整時期ととらえている者が多い。だから彼らがこの時期目を見張るような好投をすることはほとんどないといってよい。打たれても、マスコミにボロクソに批判されても、ケロッとしてわが道を行くぐらいでなくてはダメなのだ。

オープン戦よりも、これから始まる144試合（当時130試合）の長丁場のシーズンこそが本番。真剣勝負だ。まだ寒い春先に無理をして商売道具の肩を壊したら、それこそ元も子もない。

彼ら投手は、腕一本で生きているプロだ。しかも利き腕一本である。その腕と肩は使えば使うほどすりへる消耗品であるからこそ、神経質なまでに気を遣い、自己責任で納得できるマイペース調整にこだわっている。この点は、野手とは全く違う点といえよう。

「勝負にこだわり」「礼儀にうるさい」男

江夏豊の性格は、マージャンをすると如実に表れた。

彼は「引っかけ」が得意で、相手の意表を突くのが実にうまい。読みに読み込んだ手を打つのが得意なので、単純な待ちはまずなかった。リーチをかけてきた時は、相当な「手」があると覚悟しなければならなかった。

勝負の絡む場面では、江夏のこうした特徴が垣間《かいま》見えるのだが、食事を一緒にする時などは、極めて古風な男の振る舞いが多かった。

ある年、日本シリーズのテレビ解説を江夏と行い、その帰り、江夏に誘われてフグ料理屋へ出かけた。

広島東洋カープの高橋慶彦《よしひこ》が飛び入りで参加して、わいわいとやったのだが、途中、江夏はなにが気に障ったのか機嫌が悪くなった。

後で江夏の奥さんに聞くと高橋のことを、

「先輩のノムさんを前にして、真っ先に箸をつけて食べ始めた。礼儀がない」

と怒っていたようだ。たしかに、そう言われてみれば……と、思い出した。

「先にどうぞ」

と私はたしかに二人に勧めたと思うが、一番最初にフグ刺しに箸をつけ、うまそうに食べていたのは高橋だった。しかしそこまで怒ることとも思えないのだが……。

ため息をつく癖で周囲を不安にさせた江夏

江夏の悪い癖に、「ため息」があった。

彼はやたらとため息をつく癖があるのだ。知らない人が見ると、どうしたのかと思うほど頻繁にため息をつく。しかも肩で大きく息を吸った後、ハァー、とやる。「どうしたのですか」と周囲に不要な心配や気を遣わせる。それが江夏の悪い癖でもあった。

南海時代、彼は、私のすぐ隣のマンションに引っ越してきたことがあった。なにかあると私の部屋にやってきてソファに座り、

「この先ワシは、いったいどないしたらええねん」

と、太鼓のように膨らんだ腹をなでながらため息をついたものだ。

「その前に、その腹をなんとかせい」

というと、

「横につく脂肪はあかんが、前につくのは心配ない」

と勝手な持論、屁理屈を展開したりする。負けず嫌いな、典型的な投手体質である。

しかし、だからといって無神経な性格ではなかった。否、むしろ他の選手に比べれば神経質すぎる面、繊細な面も多々あった。

ピッチャーが指を滑らせないようにマウンドにある白いロージンバッグ（すべりどめの粉末を詰めた布製の袋）をつかむ姿を、テレビで見た人は多いだろう。ほとんどのピッチャーは使った後、無造作にロージンバックを放り投げる。しかし江夏だけは常にプレートの、ある決まった位置にきちんと置いていた。そういった几帳面《きちょうめん》さと、負けず嫌いでお山の大将的なところが同居しているのが江夏なのだ。

江夏をリリーフにして、喜んだのは奥さんだった

江夏が阪神から南海にトレードで来た時、彼の腕がもう先発には耐えられないところまで消耗していることがわかった。

30〜50球を投げると、血行障害のため極端に握力がなくなった。しかし30〜50球までの制球力は抜群だった。

そこで当時はまだリリーフ、抑えといった投手分業が確立されていない時代だったが、説得してリリーフピッチャーとして、抑えの専門職になってもらった。今でこそ当たり前の投手分業だが、当時は抑え専門は革命的な試みであったのだ。

当時、江夏の奥さんは、毎晩家に帰らずにマージャンなどをしている江夏の身を案じていた。そこで奥さんのお母さんに説得されて、江夏は私のいるマンションのすぐ隣のマンションにわざわざ引っ越してきたのだった。

「監督のそばにいれば遊びもほどほどになるだろう」

という気持ちからだ。先発投手というものは、登板のない中日《なかび》はベンチに入らず、チームと全く関係ない行動をとって、遊んでいることもある。奥さんはリリーフという役割を知らなかったので、

「リリーフになると、毎試合の登板も予想されるので、彼には毎日ベンチに入ってもらうようになりますが、その点はよろしく」

と伝えた。すると、

「出歩いて遊ぶ時間もなくなるでしょうから、本当にいい仕事をありがとうございま

す」

と逆にお礼をいわれてしまい、恐縮してしまった。

球界最高の投手、金田と江夏の「三振の獲り方」

1968（昭和43）年、江夏豊は前人未到の1シーズンに401個の奪三振記録を打ち立てた。

金田正一《まさいち》さんと、江夏豊。この二人は私が知る限り、日本プロ野球界最高のピッチャーだが、それぞれが自分の得意とする「三振の獲り方」を持っていた。

金田さんの場合は、2階から落ちてきたのかと思うような、縦に落差のあるカーブでストライクのカウントを取りバッターを追い込んだ。そしてウイニングショットは高めのボール球。ボール球でも、球速のあるストレートなので、バッターは思わず手を出してしまった。

江夏の場合は、「三振を獲るまでの追い込み方」と、「三振の獲り方」にそれぞれ2つのパターンがあった。

追い込み方の第一は、外角低めの球。

「ピッチャーの原点ともいうべき能力は外角低めの球を投げる制球力。ここにきっちりとコントロールよく投げられることが、ピッチャーの能力の証《あかし》」

と私が常々いう、外角低め、ストライクゾーンぎりぎりのストレートだ。ここへ正確に投げてツーストライクをとって打者を追い込む。

追い込み方の第二は、右打者に対した場合、江夏は胸元へのカーブを投げて追い込んだ。引っかけさせてファウルにしてカウントをかせいだり、内野ゴロにして打ち取ったりした。


では江夏のウイニングショット、「三振の獲《と》り方」はどうだったか。

第一は、打者の膝元に行くカーブだった。このカーブはストライクゾーンからボールになる弾道のため、空振り、最悪でも打ち損ねての凡打かファウルになった。あの伝説の「江夏の21球」(1979〈昭和54〉年日本シリーズ第7戦9回裏の江夏の投球)では、ノーアウト満塁の場面、近鉄の佐々木恭介、石渡《いしわた》茂の二人の打者に対し、この「膝元からボール球になるカーブ」を投げ、修羅場をしのいでいる。

もう一つの江夏のウイニングショットは、金田さんのように、速球のストレートを活《い》かした、高めのボール球のストレートだ。

打者が思わずバットを振ってしまう球速、コースと絶妙のタイミングがあった。


そもそもバッターは、高めの速いストレートにはつい手が出てしまうものだ。

テレビで野球観戦していて、「なんであんな高いボール球を振るんだ？」と首をかしげた経験のある読者の方は多いだろう。しかし高めの速いストレートは、実は万国共通の「つり球」で、バッターが思わず手を出してしまう球だ。

これは大リーガーでも同じ。大リーグの中継を見ていると、面白いように高めのボール球に空振りする選手が多い。それは、球が速いからだ。球が遅ければ打者は騙《だま》されず、球をしっかり見られるため、ボール球は見送られる。しかし球速が速いと、打者はどうしても高めのボール球でもバットを振ってしまうものだ。

大リーグと言えば、江夏は1985（昭和60）年、ブリュワーズのテスト生として大リーグに挑戦したが、惜しくも夢は叶《かな》わなかった。この頃はもう全盛期を過ぎてしまっていたが、全盛期の江夏なら大リーグでも活躍できたのではないか。その頃に挑戦できていたらと思う。

独り言で引退に追い込まれたエモやん・江本

江夏は私が南海時代、トレードで獲得した投手だが、この時のトレードで代わりに手放した投手も忘れがたい。

「ベンチがアホやから野球ができん」

といった舌禍事件がもとで引退してしまった、エモやんこと江本孟紀《たけのり》だ。

実はこの発言、彼が公言したものではない。ピッチャー交代を命じられて、マウンドからベンチに戻り、ロッカールームに引き上げる途中に何気なく漏らした独り言だった。

その独り言を阪神の名物でもある「番記者」の一人に聞かれて、新聞に書かれてしまったのだ。

記者に対して直接喋ったことでもないので、これで任意引退に追い込まれた江本は同情に値する。その番記者は後に、江本の自宅を訪れてわびたそうだが、江本は「気にせんでええ」といったそうだ。

任意引退は自由契約とは違う。自由契約は、球団が選手との契約を無条件に解除するもので、選手は新たな仕事先を自分で探すことができる。これに対して任意引退は、本来は選手自らの意思で契約を更新しないことにより現役を引退するわけで、当時のルールでは選手の保有権が選手の最後に所属した球団にある。そのため選手は次の働き場所（所属球団）を自由に探すことはできない。

私が南海の監督時代、江本は南海のエースであった時期がある。その後、阪神の江夏とのトレードで南海から阪神に移ったが、江本と現場で接した経験のある私からすれば、投手としては十分に能力があっただけに、残念なことだった。

エモやんを屁理屈で説得した「長髪事件」

それにしても、江本はとにかく不平不満が多い選手だった。欲求不満のかたまりのような選手だった。南海時代は監督だった私の批判もずいぶんとしていたようだ。しかし根は悪い男ではないので、隠れて、巧妙に何かを企むというようなタイプではなかった。

簡単なピッチャーゴロを何度か一塁に悪送球するので、見かねた私は、

「おまえ、ちょっと不器用なのか」

と冗談交じりに聞くと、

「ワシ、手が大きいから不利なんですわ」

とあっけらかんという。見ると、たしかに掌《てのひら》が大きい。つまり指も長いので、ピッチャーゴロなど、すぐ捕って投げる場面では、ボールが指に引っかかってコントロールしにくかったのかもしれない。

江本との関係で忘れられないのが、マスコミでも報じられた「長髪事件」だ。

私は長髪はもちろん、金髪、茶髪、あるいはピアスといった装身具など、野球と関係ないものは一切禁止するが、当時、長髪の似合っていた江本は早速、私のところに抗議に来た。

「長髪がいかんって、髪の毛の長さが野球となんの関係あるんです？」

口を尖《とが》らせるので、「関係はある」とはっきりいってやった。江本が抗議に来ることは予想できたので、私は私なりに江本が納得しそうな屁理屈をあらかじめ用意していた。評論家の草柳大蔵《くさやなぎだいぞう》氏から意見を聞いておいたのだ。

「男の長髪はな、あの有名なレオナルド・ダ・ヴィンチが世界で最初にやったんや。それが起源や。絵描きやから、女性を描くために女性の感性に近づくために、髪の毛を伸ばした。芸術家やな。しかしおまえはなんだ？　勝負師じゃないか。勝負師に長髪がいるか」

というと、江本は妙にあっさりと納得してくれた。

それからこんなこともあった。

「おまえ、ワシのこといろいろと言うてくれてるようやな」

外野から聞こえてくる江本の監督批判を皮肉って、直接本人に聞くと、

「誰やー……告げ口したんは……。全く油断もスキもあらへんなあ……」

と一向に悪びれない。

そんな憎めない男だった。

怪物・江川が日本シリーズでよく打たれた理由

阪神で活躍した江夏や江本の話をしたら、巨人のエースだった江川卓《すぐる》のことも触れなければならないだろう。

以前、こんなことがあった。

「肩の調子、どうです?」

オープン戦のさなか、開幕投手として期待されていた巨人軍の江川に記者が質問する

と、

「身体を張って、貼ってメンフラハップ！　メンフラハップ！」

と答えたそうだ。

これはめった打ちされてKOされた翌日のことである。これで大丈夫なのか、開幕に間に合うのかというメディアの不安をよそに、江川は自身が京塚昌子《きょうづかまさこ》と共演したテレビCM、大正製薬の湿布剤「メンフラハップ」をもじって、冗談をいったのである。

すっとぼけた、相手を小馬鹿にしたようなジョークが得意だったのが江川だった。


江川は全力投球が続かないというのか、普通の努力を怠る選手であった。

彼はデーゲームでよくめった打ちにあった。これは野球選手の宿命でもあるのだが、どうしても夜型の生活パターンから抜け出せないのである。野球の試合はほとんどがナイター。しかも連日である。試合が終わって家にすぐ帰っても、どうしても寝るのは夜遅くになる。

ところが日本シリーズはデーゲームが多かった。江川が日本シリーズでよく打たれたのは、このことと無関係ではないだろう。だからといって投手が皆、デーゲームに弱いかといえばそうではない。日本シリーズ前に、夜型から昼型へ、体調のサイクルを一時的に戻して頑張る投手がほとんどだ。江川はこれができなかったのではないか。この点からも、江川の性格の一端が見えるような気がするのは、私だけだろうか。

江川が一流投手といえないわけ

「手抜き投法」と評された「怪物」江川が、比較的一生懸命、練習に励むようになったのは、結婚して子供ができてからだと思う。

もちろん江川は並の投手ではない。その力を十分に評価したうえで、

「それでは私はキャッチャーとして、江川とバッテリーを組むことに魅力を感じるか」

と聞かれれば、答えはノーだ。

「江川の球を受けてみたいか」

と問われれば、即座に首を横に振るだろう。なぜか。

それは江川がやはり「怪物」だからだ。江川は何よりもストレートがいい。カーブも十分に武器になっていたが、ストレートに力があってコントロールも利くため、配球としてはストレートだけでも十分勝負できる。キャッチャーとしては、困った時でもストレートを投げさせておけば無難にすんでしまうので、やることがない。つまりキャッチャーとしては配球に工夫したり策をめぐらせる必要がないため、江川とバッテリーを組んでも面白味がないのだ。極言すれば、江川の球を受けるキャッチャーは、ストライクゾーンにただミットを構えていればいいのだ。

しかし、その江川にはバッターから見て「手も足も出ないような球」はなかった。「この球こそが、江川の決め球、必殺球」と呼ぶべき超一級品がなかったのだ。金田正一さんの2階から落ちてくるようなカーブや、江夏のバットにかすりもしない直球のような最高の決め球が、江川にはなかったといえる。金田さんも江夏も、王や長嶋を鍛え、また逆に鍛えられた。しかし、江川にはこのような関係を持った一流の打者が同時代にはそれほどいなかった。大投手は大打者をつくり、大打者が大投手を育て上げる。一流が一流をつくるのと同じ道理だが、そんなダイナミズムを持っていることは、一流投手の条件であった。しかし江川には、「江川のあの球を打てば、俺も一流バッターの仲間入りができる」と打者に思わせる超一級品の球がなかったのだ。

キャッチボールが下手だった、江川の宿敵

江川との電撃トレードで、巨人から阪神に移籍し、一躍悲劇のヒーローのごとく話題になった投手が小林繁《しげる》だ。

その後の彼は、宿敵・江川、宿敵・巨人には血まなこになり、巨人戦には大活躍した。彼はアンダースローであり、その投球モーションを見ていると、ぜんまい仕掛けの人形のような、ぎこちない動きが特徴的だった。彼のモーションを見ていると、私は不思議な思いにとらわれた。どこかぎこちない感じがするのは別にしても、一度ワインドアップして大きく反動をつけておきながら、左足を上げたところでいったんモーションを止

めてしまうのは、理にかなっていないからだ。止まったところから再び作動して投げるのだから、わざわざ最初の反動を無駄にして、あらためて反動なしで投げていることになる。不経済というか、もったいないというか、とにかく理屈に合わない投法、非合理的なフォームであることは間違いなかった。

問題はその投球フォームが、結果的には肩やひじに負担をかけていたことだ。

小林の武器はシンカー。フォークボールもあった。エモやんこと江本は、小林と同じ阪神にいた当時、

「小林はキャッチボールがめちゃくちゃ下手や」

とわけのわからないことをいっていた。プロのピッチャーがキャッチボールが下手なわけがない。しかしある時、小林が一塁ランナーを牽制《けんせい》する場面をテレビで見ていて、合点がいった。

というのは彼は牽制球を投げる時も、アンダースローで投げていたのだ。通常なら状況に合わせて素早く投げられるオーバースローやサイドにするのに、アンダースローで投げる。否、アンダースローでしか投げられなかったのである。

この時の彼の牽制球《けんせい》は、とんでもない方向に飛び、阪神は大洋にサヨナラ負けを喫した。もっと驚いたのは、ピッチャーゴロの場面だった。彼はボールを捕るとなんとまたもやアンダースローで一塁に投げていた。もともとが不器用だったのだろう。だからしっかりとボールを握り、投げ慣れた投法で投げないと正確に投げられないのだ。

エモやんが「キャッチボールが下手」といっていた理由がわかった。しっかりとボールをつかみ、投げ慣れたアンダーで投げないと、どこに飛んでいくかわからない。大暴投する。不器用な投手だった証拠だ。

現役を退いた後は、評論家としても独特の視点で解説をしていた。若くして亡くなったのが惜しまれる。

「燃える男」星野は巨人戦の日は体調まで変わった

小林は阪神に移籍後、巨人戦でたくさんの勝ち星をあげたが、もう一人、巨人戦になると人が変わったように、むきになる投手がいた。

現役時代、通算成績146勝121敗、34セーブを残した中日の「燃える男」星野仙一だ。彼は、巨人との試合がある当日は、球場に向かうため家を出た時から、体調が違ったという。

「明らかに血圧が上がって、胸の動悸《どうき》も激しくなるんです」

他球団と戦う時とあまりにも「燃え方」に落差があるため、傍《はた》から見ていて、私などはほぼ病気だと思っていたほどだった。

巨人以外の試合では投球にまるっきり覇気がない。巨人戦では王、長嶋に向かっていく投球で、気迫のピッチングを見せているのにだ。

話は変わるが、星野は現役時代、常にけがに苦しめられていた。

ひじを痛め、箸を持って食事をとることもままならないことが続いたという。ある時、試合前のグラウンドで星野を見かけると、彼のひじが真っ赤にはれていた。はれは肩の周辺まで続いているように見えたので、

「おまえ、どうした？　そのひじ」

と聞くと、

「ハチに刺されたんです」

といった。

「ハチ?」

「ええ、わざと刺させたんです」

ピンセットを使ってミツバチをはさんでおさえ、痛む患部に当ててわざと針で刺させる。そうすると血行障害が治るという外国の治療法を実践しているといっていた。どんな治療法でも試してみて、効果があればよい。それほど彼は故障に悩まされ続けていた。

1976(昭和51)年のペナントレース中、星野の右足太ももが肉離れを起こし、なかなか治らなかったことがあった。

相手チームはマウンドの星野に対して、バント作戦を執拗《しつよう》に仕掛けてきた。もともと星野は守備がうまくないうえ、慢性的な肉離れまで起こし、フィールディングが不安。そこを突いて星野を崩そうと、相手はバントを繰り返してきた。しかし星野は屈することはなかった。バントの構えをする打者の顔面近くに球を投げ、相手をのけぞらせたのだ。やがてバント作戦は鳴りをひそめた。

「燃える男」の面目躍如《めんぼくやくじょ》だった。

高校野球のヒーロー太田はなぜプロで活躍できなかったのか

江夏や江本、星野といった、いかにも、お山の大将のような投手気質の男ばかりを取り上げてきたが、そういうタイプでない者ももちろんいる。

ピッチャーは、バッターの内角を思い切って攻められないと、攻略の選択の幅が狭まり、勝負するのがきつくなる。

打者に当ててもかまわないという気構えで、内角に投げないと打者の胸元は突けない。

内角を突けないということは、ピッチャーとしては死を意味するに等しいというのは、大袈裟《おおげさ》ないい方ではない。

1969（昭和44）年夏の甲子園。

全国のファンを魅了したのは、松山商業高校対三沢高校の白熱した決勝戦だった。延長18回を戦って引き分け再試合。2試合の決勝戦をただ一人で投げぬいた三沢高校のエース太田幸司の名は、全国に轟《とどろ》いた。敗れはしたものの太田は、その甘いマスクもあってタレントのような人気を呈していた。

翌年プロに入って、近鉄の投手としてまだ1勝もしていない時点で、彼はオールスターのファン投票で圧倒的な第1位に選ばれた。獲得投票数がすごかったそうだ。ところが公式戦と同じように、オールスター第1戦で登板したものの投球はさえない。第2戦の前、見かねたパ・リーグの監督西本幸雄《ゆきお》さんに、

「ちょっとノム、すまんが、太田の球、受けてやってくれんか」

と頼まれた。ブルペンで太田を見ると、明らかに緊張して身体が硬くなっている。これはまずいと思った私は、新人の太田に、

「おまえさんは実力でオールスターに選ばれたのとはちゃう。だから打たれたってええやんか」

となぐさめるようにいってやると、気分がいくぶん落ち着いたのか、爽やかな彼らしい笑顔を見せた。

投球フォームは、身体が柔らかいのでバネがあった。上半身だけで投げているところがあり、下半身をうまく利用できていないため、肩に負担がかかりすぎているのが短所だった。そして投手として一番問題だったのは、打者の内角に思い切り投げられないということだった。

「バッターに当たってもかまわない」

とは思えない優しすぎる性格だったのだ。バッターに当てたら大変、デッドボールだけは用心しなくてはならない、というのが太田の信条だった。しかしこれではプロのピッチャーとしては失格である。内角を思い切って突けないと、投球術に幅が出ない。

たとえば右打者に対した右投手の場合、まずは打者の胸元を思い切り突いて身体をのけぞらせることも必要になる。こうして打者の身体を起こしておいて、次に外角に逃げるような、曲がったり落ちたりするカーブやスライダーを投げ、打者を引っかけさせる。

これは凡打を誘う投手の常套《じょうとう》手段であり、これが使えないとなると、根本的に投球が苦しくなってくるのだ。

太田は残念ながらプロ向きの性格ではなかったのかもしれない。

死球を屁とも思わない東尾

打者の内角を攻められない太田とは対照的なピッチャーがいた。

西武ライオンズでエースとして活躍、監督としても結果を残した東尾修がその人だ。現役時代の東尾は「夜の悪太郎」と呼ばれ、そちらの方面でも結構活発だったと聞く。投手としての彼は、球にさほどスピードがあるわけではなく、コントロールのよさと配球のコンビネーションで打ち取っていくタイプだった。

要するに「打たせて取る」のを得意としたピッチャーだ。

武器はよく制御されたスライダー。全身をバランスよく利用した投球フォームは、高校生などの模範になっただろう。だがデッドボールが非常に多い点は、いただけない。シーズンを通して死球が2桁ある年が何年もある。これは異常だ。

彼は投げる時バッターをにらみつけながら投げてくるため、打者としては死球を恐れてインパクトまでにコンマ何秒か遅れることがあった。通常は、キャッチャーのミットを見たり、投げるコースに視点を合わせて投げてくる投手がほとんどなのだが、彼は打者の目を見て、ものすごい形相で投げてくるため、

「当ててくるな」

と打者は恐れて腰が引けるのである。事実、彼は実によくぶつけた。

「バッターには一度ぶつけておかんと、踏み込まれてかなわんですわ」

とは本人の弁だが、ぶつけてもいいと思いながら内角に投げ、外に流れるスライダーに踏み込ませないのは、彼の投球パターンの一つだった。あの大きな目をさらに開いて投げてくるので、威圧感もある。近鉄の太田幸司とは対照的で、東尾は打者にぶつけるのをなんとも思っていない、屁《へ》とも思わない投手だった。

私も現役時代は東尾が苦手だった。右投手の彼のスライダーが、右打者の私にはどうしても打ちにくい。外に流れるスライダーに踏み込んでいけず、引っかけて凡打することが多かった。

そんな時、マウンドの上でニヤッと笑う東尾の笑顔は忘れられない。

王を実験台に才能を開花させた投手・皆川

太田や東尾の話で、打者の内角を攻めることがいかに大切か、ご理解いただけたかと思うが、もう一人、内角を攻める球を武器にして大活躍した選手をご紹介しよう。

皆川睦雄《むつお》は、私と南海に同期入団をした頭脳派というか、技巧派投手だった。右投げのサイドスローなので、右打者に対してはシュートで内角の胸元を攻め、腰を引かせる。そして内角に意識を向けさせた後、外角へゆるいカーブを投げて抑えることが多かった。しかし左打者に対しては、胸元をえぐる球がなかった。そのため左の強打者につかまって餌食になることが多かった。私は、張本勲や榎本喜八《えのもときはち》など左の強打者を打席に迎えるたびに、いつも祈るような気持ちでサインを出したものだ。

「このままだと、まずい。左の強打者をなんとかしなくてはいけない」

「そうだな、しかし、ノム、どうすればいい？」

皆川は私と同い年であった気安さからか、私のいうことに素直に耳を傾けてくれた。遠征先で相部屋になることが多く、寝床では試合の反省会を行う関係だったのもよかったのかもしれない。

「左バッターの胸元を突く球を投げられないか」

私は提案した。

「おまえにはシュート、シンカーというい い球があるんだから、その反対側に曲がる、変化する球を覚えるのはどうだ?」

というと、皆川は、

「スライダーだな」

といったが、

「いや、はっきりスライダーというほど曲がらなくてもいい。ほんの少し変化すればいいんだ。それで左の強打者の胸元を突ける」

と私はいった。

カットボールの元祖は皆川と私のバッテリー

実はこの球は今でいうカットボールという球種だった。

だから、おそらく日本でカットボールを初めて使ったのは皆川であり、アイデアを出したのは私だったのだ。当時はカットボールという言葉はなかったが、ここでは便宜上、カットボールと呼ばせていただく。

早速、皆川はカットボールの習得に励んだ。

カットボールで左打者の内角を攻められれば、投球術は格段に広がる。そして習得した新しい球、カットボールを試す時が来た。巨人とのオープン戦だ。一死満塁で迎えたところで、打席には王が立った。私はタイムをとってマウンドに駆け寄り、

「どうだ。あの球、試してみないか」

というと、皆川はうなずいた。日本プロ野球界を代表する長距離打者の王に通用すれば、それは誰にでも通用することを意味する。絶好の実験台だった。そして皆川は覚えたてのカットボールで、王を見事にセカンドフライに抑えたのだ。今でも思い出すのは、

王を仕留めた後に、マウンドで見せた皆川の満面の笑みだ。本当にうれしそうに笑っていた。

彼はこの年、1968（昭和43）年、防御率1・61という驚異的な成績を残し、しかも31勝もあげ最優秀防御率と最多勝のタイトルを獲得した。

皆川の通算成績は221勝、実はこの成績、南海のエースで同じサイドスローの大投手杉浦忠（187勝）を上回っている。

変化球は覚えないほうがよい場合もある

皆川のような技巧派ピッチャーに対してはもちろん、どんなピッチャーに対しても、「もっと速い球を投げろ」

というのは無理な注文である。

なぜなら速い球を投げるのは、努力で成し得ることではなく、天性の、生まれつきの才能によるところが大だからだ。だから「もっと速い球を投げろ」ではなく、「新しい変化球を覚えろ」と注文したほうが、そのピッチャーが活《い》きる場面が多いのだ。

日本のピッチャーは、ほとんどが技巧派といえる。逆にほとんどいないのが、いわゆる本格派ピッチャーだ。

本格派ピッチャーとは、投げる球の威力だけで打者を打ち取れる力を持ったピッチャーをいう。だから数が少ない。私が現役時代、同じチームの南海でバッテリーを組んだ投手に、杉浦忠がいた。彼は皆川睦雄《むつお》と同様、右のサイドスローだったが、キャッチャーが配球を考える必要がないほど、その球は威力があり、1959（昭和34）年にはなんと38勝もしている。まさに本格派ピッチャーだった。

だが、南海のエースとして君臨していた杉浦は、監督の期待に応えて登板回数が増え、結果的には酷使された。そのため、次第に球威そのもので打者を抑え込むことが難しくなってきた時期が、予想以上に早く訪れた。酷使による肩の摩耗だ。

そんな時、杉浦が私のところに来て、相談に乗ってくれという。何かと思ったら、

「皆川のように、シンカーを覚えたい」

といった。これは一見、前述した皆川が、新しくカットボールを習得したケースと同

じように思うかもしれないが、事情は全然違った。なぜなら杉浦はキレのあるストレート、球威で相手を圧倒する本格派ピッチャーだ。このようなピッチャーは、覚える変化球の選択を誤ると、肝心のストレートに影響してしまうのだ。

聞き入れられなかった私の助言

変化球を投げると、指、手首、腕の負担が、肝心の直球に悪影響を与えるのだ。だから新しく変化球を覚えるには、慎重に変化球の種類を選択しなければならない。私は杉浦の投げ方の特徴から考えて、シンカーは指先の抜き方などが逆になるため、反対した。

「シンカーはやめたほうがいい」

しかし杉浦は、皆川がシンカーによって打者を簡単に追い込む場面を見ていて、自分もシンカーを投げたいといって譲らなかった。その決意は、微動だにしないほど固そうだったので、私も折れるしかなかった。

しかし結果的には、私の悪い予想が当たってしまった。杉浦の最大の武器である直球の球威がなくなってきたのだ。明らかに、シンカーを覚えた悪影響だった。

皆川と杉浦。この両投手は、壁にぶち当たって追い込まれた状況で、同じように新しい武器となる変化球を覚えて乗り越えようとした。しかし結果は、全く相反するものになってしまった。もちろん私にも責任はある。「あの時、杉浦にはもっと強くシンカーのマスターをやめさせるべきだった」と後悔している。それにしてもなぜ真逆の結果になってしまったのか。

思うに、皆川は普通の、技巧派ピッチャー。杉浦は日本プロ野球界で数少ない本格派のエース。皆川は素直に私の言葉に耳を傾けてくれたが、杉浦のエースとしてのプライドが、「シンカーはやめろ」という私の助言を拒否させたのではないか。テスト生として入団し、雑草のごとく生き、努力と鍛錬でレギュラーを奪取した私と、東京六大学野球で活躍し、鳴り物入りで入団してきた血統書つきのエース杉浦。そうしたバックボーンが、杉浦をして、私の助言を受け入れ難くしたのかもしれない。

エースの条件を兼ね備えていた杉浦

しかし、それにしても杉浦は、今では考えられないすごい投手だったと思う。

現在のプロ野球では、先発ローテーション入りする4、5人の投手の登板は、だいたい1週間に1回程度が平均的だ。

最近は大リーグの影響を受けたためか、球数が百球を超えると「そろそろ交代か」という雰囲気になるが、昭和のプロ野球ではそんなことは考えられなかった。

南海のエースだった杉浦忠は、1958（昭和33）年にデビューし、1年目が27勝、2年目はなんと38勝もあげていた。しかも日本シリーズでは伝説の4連投4連勝で巨人を倒している最大の功労者だった。

もちろん、これは投げすぎであり、肩、ひじの酷使にほかならず、決して評価できることではない。

酷使されればされるほど、ピッチャーの選手寿命は縮まるのだ。だが、肩やひじに違和感を覚え、痛みを感じても、「行けるか」という監督の声に快く「行きます」と答えるピッチャーは、やはりエース。チームにとってこれほど頼もしい存在はない。どんなに疲れていても、身体に故障があっても、気持ちよくマウンドに立ってくれる投手は、監督にとってもチームにとってももっとも頼りがいのあるありがたい存在だった。

お山の大将然とし、自己中心的な人間が多い投手の中にあって、杉浦忠は全く珍しいタイプの選手だった。一言でいえば彼は常に紳士的だった。

いつももの静かで謙虚であり、控えめにしていた。電話で珍しく杉浦がつっけんどんな応対をしている時は、相手は決まって奥さんだった。

球にキレがあった「鉄腕」稲尾

杉浦の現役時代、同じ頃に大活躍していたのが、西鉄の「鉄腕」稲尾和久《いなおかずひさ》だった。

どんなに速い球を投げるピッチャーでも、もちろん打たれることがある。またスピードガンで「150」「160」という時速が出ても、あっさりとミートされる場面がよくある。速ければ打たれないのかといえば、そうではない。いくら速くても球に「キレ」がないとダメなのだ。

では「キレ」とはいったい何か。厳密に定義するのは難しい。とても感覚的なものなのだ。捕手の立場からいえば、「キレ」のある球とは、ミットで受けた瞬間、

「パーン!」

という気持ちのよい音がするボールだ。反対に「キレ」のない球は、受けた時、

「ブシュ!」

という、どこか濁った音がした。

西鉄の稲尾和久の球は、スピードガンで測れば150キロはなかったと思う。せいぜい145キロぐらいではなかったか。しかしそれでも150キロ以上に感じるほど「キレ」があった。

こうした点を考えると、「キレ」とはスピードガンの数値とは別個のものと考えたほうがいいのかもしれない。

スピードガンで150キロ台のスピードを出しながら、いとも簡単に打たれて、崩れる投手は意外と多い。たとえば、横浜、巨人で活躍したマーク・クルーン投手などがそ

の典型だ。

彼の球はスピードガンではものすごく速いにもかかわらず、打たれることがあった。それは球にキレがなかったためだ。

ということは、キレのある球とは、バッターの胸元、手元で伸びる球ともいうことができる。バッターにとって身体で感じるスピード、つまり「体感スピード」のある球こそ、怖いし打ちにくい。

スピードガンでいかに速度が速くても、バッターが打ちやすい球ならば意味はない。反対に、スピードガンで高い数値は出なくても、バッターが「速い」と打席で感じる球こそが、真の速い球といえよう。だから投手はスピードガンよりも、バッターが「速い」と感じる球を投げなくてはならない。

球審を味方にすることができた唯一のピッチャー

また稲尾和久は、唯一、球審を味方にできるピッチャーでもあった。

それはコントロールが抜群だったから。たとえば外角低めにストレートを投げたとする。ストライクゾーンに入るか入らないかギリギリのところだが、これを球審がストライクとしたとしよう。

すると今度は全く同じところに、ボールの3分の1個分外側に、投げてくるのだ。この球はボール3分の1個分、ストライクゾーンから外れて外であるにもかかわらず、球審は「ストライク！」と判定してしまうのである。そして、

「じゃあ、これはどや？」

とばかりに、ボール3分の1個分さらに外角に投げて、球審をうかがう。球審も稲尾がコントロールがいいとわかっているので、ボール3分の1個分ずつの差に気づかずに、ついまたもや「ストライク！」と判定してしまっていた。「じゃあこれはどや？」「これは？」と、測ったようにセンチメートル単位でボールを投げられたのが、「鉄腕」稲尾の真骨頂だった。

彼は、球審を使って徐々にストライクゾーンを広げることができた唯一のピッチャーだった。球審を味方に利用できるほど、コントロールがよかった。こんな芸当ができる

ピッチャーは、日本プロ野球界広しといえども、稲尾だけである。

第4章

名監督たちの舞台裏

王に性格が似ていた広島の名将・古葉

広島を日本一に導いた名将、古葉竹識《こばたけし》は、私が南海の監督だった時に、広島から二塁手としてトレードで呼んできた。

選手としては峠を越えていたが、彼の野球に対する姿勢などを認めた私は現役引退後も彼をコーチとして南海に留めた。彼もまた、よく働いてくれた。古葉は王に似た性格で、本音の部分はなかなか表さない。しかし特に若手の選手から慕われ、選手と同じ目線に立った指導が評判だった。

そんな古葉がある時、相談があるといって私のところにやって来たことがある。

「広島県に帰りたい」

という。奥さんの実家が広島にあり、病気療養中の奥さんを診る主治医が広島にいるため、大阪よりも広島のほうが便利だと理由を述べた。本当の理由は他にあるような気がしたが、その場はそれでいったん了承した。

しかし私の思いを知っていたのか、その後、再び古葉から連絡があり、「お話しした

いことがある」と告げてきた。会うと、

「広島カープにお世話になります」

といった。いわなければどうしても義理が立たないと思ったのだろう。

「そうか、そういうことか、でもよくいってくれた」

と、私は本心から彼を祝福し、

「おまえならいずれ監督になるよ。頑張れ」

と励ますと、彼は声を出さずに泣いていた。王と同じで、義理堅く、情のある男である。

「江夏の21球」に隠されたもう一人の「すごい男」

1979（昭和54）年11月4日。

山際淳司《やまぎわじゅんじ》のノンフィクション「江夏の21球」でも有名な日本シリーズ広島—近鉄の第7戦。9回裏ノーアウト満塁の場面で、ネット裏から観戦していた私は、マウンドに立つ江夏豊と、ベンチに立つ古葉竹識監督の姿の両方をじっと目で追っていた。

私はこの時、正直にいって古葉の姿勢に大変感動させられた。あの大ピンチの場面に、監督の古葉は全く動こうとしなかったからだ。マウンドに向かおうともせず、腕組みをしたまま、ただじっと下方に視線を落とし立っていた。

あの場面、どんな監督でも足元が浮ついて、マウンドに行ったはずである。行かなくてはならないので行くのではない。行くしかないほど、緊張の極限の場面だったからだ。行ってピッチャーの江夏になんらかのアドバイスをする。そうでもしないと間が持たない場面。じっとはしていられない状況だった。

しかし、あの場面で、いったい江夏に誰がなんといえるのだろうか……。適切な言葉などないはずである。私は、全く動かず、動じない監督・古葉の姿に「すごさ」を感じた。

広島の内野手は江夏よりも若い選手が多かったせいもあるが、江夏のもとに駆け寄り声をかけたのは、サードからファーストに回っていた、同年代の「鉄人」衣笠だった。

ノーアウト満塁を見事、0点に抑えた江夏もすごかったが、動じなかった古葉もすごかったのだ。

悲運の名将・西本監督は、選手の仲人を断り続けた

「人は窮地に陥った時、人の本性を知る」

というが、私が南海の監督を解任された時、そのことが身にしみて理解できた。昨日までいた周囲の者が、いつの間にかいなくなっている。翌年の年賀状はめっきりと数が少なくなった。しかしそんな時でも、パ・リーグの関係者でただ一人年賀状をしたためてくれたのは、当時、近鉄の監督だった西本幸雄《ゆきお》さんだった。

一言「頑張れ」と書かれた彼の年賀状は、今でも大切に保管している。

西本さんは、監督として日本シリーズに８度出場しながら、日本一には１度もなれず、悲運の名将などといわれることも多かった。長年プロ野球界の第一線で指導者として活躍していたので、その間には選手から仲人《なこうど》を頼まれることも非常に多かったという。しかしそのほとんどは断ったそうだ。

なぜなら、選手が監督に仲人を頼んでも、翌年にはその監督は解任されてチームにいないかもしれない。新しい監督のもとで戦う時、仲人の元監督が他チームの監督になっていると、いろいろな面で不都合もあるだろう。そういうことから、

「仲人を頼むなら、球団の関係者、親会社やフロントの人間に頼みなさい。いつチームを去るかわからない私は不向きだ」

と断り続けたという。選手思いだった西本さんらしい逸話だ。

名将・西本監督も就任当初は選手にナメられた

西本さんが近鉄の監督を辞めた時、私は、

「まだご苦労さまでしたとはいいませんよ。まだまだ監督として頑張っていただきたいです」

と伝えると、

「あんたにはこれまでも、よういじめられたからな」

と笑われた。

「あんたがキャッチャーの時は、3ボール2ストライクの時でもみんなボール球に手を出させられて、三振を獲《と》られた。わざとボール球、放ったんやろ？　その後でこっち見て『どやっ』なんて顔しとる。ホンマにずいぶんといじめられたがな」

といわれたことがある。


阪急、近鉄などで20年間も監督として活躍した西本さんも、最初の頃は選手にナメられたりして苦労したそうだ。

合宿所で、夜中に部屋から女の笑い声がする。しかも、チームの中心的存在だった選手の部屋から聞こえてきたので、西本さんもさすがに怒って選手を呼び出すと、

「おまえこそ、クビになるぞ！」

と逆にすごまれたという。

またある時、春のキャンプで厳しい練習を課すと、「このままではみんなつぶれてしまう。ついていけません」とベテラン勢が直談判に来たそうだ。それでも「これは必要

な練習だから」と説得すると、

「とにかく監督のいう通りやってみますよ。それで結果が出なかったら監督には辞めてもらいます」

と面と向かっていわれたそうだ。実際、そんな選手がいたのである。今では考えられない昭和の野球事情である。

選手時代の「大沢親分」は問題児だった？

大沢親分こと大沢啓二さんは、私が南海にいた頃のチームメイトであったが、当時からあの「べらんめえ調」で周囲を圧していた。

ちなみに大沢さんは私より年上だったが、入団は高卒の私のほうが早く、プロとしては私のほうが先輩である。

彼は右翼手で、大きな目をいつもギョロッとさせていて、熱情的というか、いつもカッカしているように見えた。相手ピッチャーの調子がよく、味方打線が沈黙していると、

「なんでえ、おまえら！　なんであんな球が打てないんだよ。ようし、いいか、見とけよ」

といって威勢よくバットを持って打席に向かう。しかし三振して戻ってくる。

「あの野郎……。なかなかいいピッチャーじゃねえか……。見直したぜ」

と開き直っていた。チームに対して、あるいは野球に対しては愛情があり、打って平凡な内野ゴロになっても、必ず一塁まで全力疾走で走った。凡打とわかって手を抜き、ダラダラと一塁に走る味方選手には、「ちゃんと走れ！」と容赦しなかった。

ましてや試合に負けて、その原因が特定の選手にあるのが明らかな場合は、それが年上や、先輩であっても、「あいつのせいで負けた」と公言してはばからなかった。

そのためいつしかチーム内に「大沢を殴ろう会」というのが結成されていた。最初は冗談かと思っていたが、本当に殴りに行く算段をしている場面に遭遇し、その時チームリーダーだった私は必死で止めた。本当に暴力沙汰になるところだった。

「あの野郎、いつもえらそうに」「先輩に対して礼儀もない」「いいたいことばかりいいやがって」と、不満が爆発寸前だったのだ。同じ立教大学出身で、大沢さんの後輩にあたるエース・杉浦は温厚な人柄だったが、彼でさえ、「あの人を一度ぶん殴ってやらないと気が収まらない」といっていたから、よほどのことがあったのだろう。

監督になって問題だった性格が活きた大沢親分

しかし大沢さんが現役を引退し、監督になってからは、その性格や気性がいい方向に活《い》かされるようになった。

「親分」とあだ名されたように、悪気のない、さっぱりした性格が彼の身上であり、その面が開花したのは日本ハムの監督になってからだった。

たとえば、同じ立教出身の巨人の終身名誉監督・長嶋とは大きな違いがあったという。選手がトレードや解雇を通告されると、長嶋はそういう場面には必ずといっていいほど居合わせなかったそうだ。誰でも選手をクビにしたり放出するのは、嫌なものである。できればそういう場は避けたい。しかし大沢さんはそうした場面では必ず同席し、トレードになる選手を説得し、クビになる選手の面倒をよく見たという。再就職先を世話したり、相談にもよく乗ったといわれている。私が思うに、大沢さんはあの「べらんめえ調、てやんでえ調」のため、しばしば誤解される部分もあったが、彼の本当の性格を知って嫌いになる人は少なかったのではないか。

監督としては、辛抱して選手を起用するのが特徴だった。まさに「親分」だった。そして戦術はほとんどがカンに頼っていた。カンピュータ野球の典型で、イチかバチかのバクチ的な采配が多かった。しかし、リーグ優勝も果たしているし、監督や評論家時代、その言動がファンにも愛されたのは幸いだった。

髪型を気にして？　帽子をかぶらなかったイケメン梨田

梨田《なしだ》昌孝《まさたか》は、近鉄時代、同じキャッチャーマスクをかぶったライバル選手として、私も注目していた。

西本幸雄《ゆきお》さんが近鉄の監督の時代、梨田はピッチャーに出すサインに窮すると、決まってベンチの監督の指示を仰いでいたのが印象的だった。

肩の強さは、目を見張るものがあった。一塁ランナーの盗塁を封じる場面では、彼がいかに素晴らしい肩の持ち主なのかがわかった。ただし彼の悪い癖は、ランナーが出ると、盗塁を刺すためか、構えが半身になってしまうことだった。

すぐ二塁へ送球できるように、半身に構えてピッチャーの球を受けるのだが、これでは本末転倒だ。キャッチャーは、ピッチャーの球をしっかりと正面で受けるのが第一。盗塁を阻止するのは二次的なものだ。キャッチャーの仕事は、あくまでもピッチャーとの連動が主であり、連携していなくてはならない。バッテリー間の構えをないがしろにして、盗塁対策に集中するのはどうかと思って見ていた。

またマスクをかぶるキャッチャーは、どんなにイケメンでも目立ってはいけない存在だ。彼はお洒落《しゃれ》なのかもしれないが、練習中、帽子をかぶっている姿を見たことがなかった。

髪形を気にしているのか、帽子をかぶらないで練習をしている姿に、私は奇異な感じを受けていたが、これは年寄りのひがみかもしれない。

しかしそうは言っても、梨田には忘れられない思い出がある。

２００９（平成21）年10月、日本シリーズ出場をかけて、楽天の監督だった私は、梨田率いる日本ハムとクライマックス・シリーズ第２ステージを戦った。

結局、１勝４敗と楽天は敗れてしまったが、24日の最終戦の後、楽天の監督として最後となる私を、両軍の選手が一緒になって胴上げしてくれた。敵地で、しかも敵の選手たちも交えて胴上げされるという経験は、さすがの王や長嶋でもなかっただろう。

日本ハムのコーチや選手には、かつての私の教え子がいた。日本ハムのファンも温かい声援で見守ってくれた。それにしても、両軍の選手、コーチが集まって敗れた監督の胴上げをするという前代未聞の出来事は、梨田の存在が大きく影響していたと思う。彼の醸し出す温厚な性質と、スポーツマンらしい律儀さが、あのような雰囲気を自然と演出させたのではないか。

胴上げの前後でも、彼は何度も私に近づいてきて、丁重な挨拶をしてくれた。それは今でも忘れられない思い出になっている。

「わざとファインプレーにしている」と厳しかった広岡監督

広岡達朗《たつろう》さんは、西武の黄金時代の礎をつくった名監督として有名だが、現役時代は巨人の名ショートとして鳴らした選手だった。

隣のサードには長嶋がいた時代である。当時、阪神には身軽な動きで軽快にゴロをさばき、「牛若丸」とあだ名された名ショート吉田義男さんがいたが、来日する大リーガーたちは皆、異口同音に、

「一番うまいのはヒロオカ」

といっていたのが印象的だった。長嶋はスター的な存在だったが、広岡さんの隣のポジションのせいか、

「長嶋のどこがいいのかわからない」

というのが、大リーガーに多い感想だった。

広岡さんの辞書には「妥協」という言葉がなかった。

二人でネット裏から野球を観戦する機会が何度かあったが、たとえば三遊間に厳しい

ゴロが飛び、ショートが横っ跳びで捕る。立ち上がりざまにファーストに投げアウトにするのだが、

「もっと簡単に捕らなきゃダメだ」

と広岡さんは手厳しかった。

「打球に対する反応が遅いから、横っ跳びしなきゃ捕れない。わざとファインプレーのように見せるために、スタートを遅くしてるのではないか」

とさえいっていた。

ヤクルトの監督時代には、「白米より玄米がいい、酒はダメ、コーラは飲むな」と食生活にまで口を出して選手たちに煙たがられた。遠征先のホテルではあらかじめ選手たちの部屋の冷蔵庫から、酒類を全部抜かせるという徹底ぶりだったそうだ。

実は、私は妥協なき広岡野球のファンでもある。一度でも広岡監督の率いるチームで、キャッチャーマスクをかぶりたかったと思う。

テレビ解説者として有名だった関根さんの現役時代

関根潤三さんはテレビの野球解説者として人気を博したが、実際の人柄も温和で、テレビで見るあのままだった。

グラウンドでもあの通りの、温和で繊細な性格であった。大洋の監督になった時は、選手を決して怒らず、けなさず、温厚な指導ぶりで定評があった。頭の上を突き抜けるような甲高い声を出す関根さんだが、性格はいたってまじめで慎重だった。

関根さんが近鉄のエースとしてピッチャーで活躍していた頃、私は何度か対戦したが、「丁寧に投げるピッチャーだなあ」というのが第一印象だった。

その後、彼は打者に転向したが、打席に立つ時はいつもネクストバッターボックスで丹念にフォームをチェックするのが特徴だった。バッターボックスに入ると、今度は足元のならしに時間をかける。スパイクで何度も何度も土を静かにならして、立ち位置を決めていた。しかしこれがまた長い。しかも再度、バッティングフォームのチェックまで始めるため、延々とタイムの時間が続くようなものだった。

腰を下ろしてピッチャーの球を待っているキャッチャーとしてはいい加減いらついてくる。待ちくたびれてしまい、集中力も欠けてくるのでとうとう、

「いい加減にしてくださいよ。早くしてくださいよ」

というと、

「うん、遅いか。なかなか決まらないんだよねえ」

とどこまでも落ち着いていた。当時は本当にイライラさせられたが、今はなつかしい思い出の一つだ。

球界を代表するケチの横綱は？

西武の監督だった森祇晶《まさあき》は、そのケチぶりが球界ではつとに有名だった。

ケチの横綱といえば「西の吉田、東の森」というぐらいである。ちなみに西の吉田とは阪神の吉田義男さんのこと。

森は、人が吸っているタバコでも、まだ長いうちに灰皿でもみ消そうとすると、「もったいないよ」といってそれを取り上げて吸ったという。つまりタバコを買う金も惜しんだということだ。

吉田義男さんにも、タバコにまつわる有名な話がある。

マージャンの最中、「打撃の職人」山内一弘さんが、「1本もらうで」といって、隣の吉田さんのタバコに手を伸ばし、1本吸った。またしばらくして、同じように手を伸ばすと、「50円」と吉田さんは真顔でいったそうだ。冗談と思っていた山内さんは、気にせず吸っていたがその後、執拗《しつよう》に「50円くれよ、50円払ってくれ」といわれて閉口したという。

こういうこともあったからか、その後マージャンの時は、吉田さんのタバコのパッケージには、苗字の「吉」という字を丸で囲んだマークがマジックで大きく書かれていて、周囲は気楽に手を伸ばせなくなったという。

しかし、かつて私が阪神の監督の依頼を受け、就任するかどうか迷っていた時、

「阪神はもうこれ以上悪くなりようがないんだから、やってみたら?」

と妙なメッセージをくれたのは、吉田さんだった。吉田さん流の励ましだったのだと思う。

もう一人、ヤクルトの古田敦也《あつや》も伝え聞くところによるとケチらしい。

ヤクルト時代、大阪や広島に遠征に行くと、広澤克実《かつみ》や池山隆寛《たかひろ》らが音頭を取り、後輩たちを焼肉屋によく連れて行ったという。球界の昔からの常識では、こういう場合の支払いは年俸の一番高い者が払うという暗黙の了解がある。私も現役時代はずいぶんと払ってきたものだ。

ところが参加メンバー中もっとも年俸が高いはずの古田は払わずに、いつも広沢や池山が精算していたという。

選手たちは、見ていないようでいて実はよく見ている。こういう点からリーダーとしての資格、指導者としての素質が問われてしまう。自分がお金を出したくなければ、一緒に行かなければいいし、行くのなら年俸が低い者や、若手の選手のために年俸が高い選手は率先して払うべきなのだ。

サインのない野球をしていた阪神・岡田

岡田彰布《あきのぶ》は、典型的な「阪神体質」の男だった。

ここでいう「阪神体質」とは、気を許した相手には饒舌《じょうぜつ》に対応するが、いったん「こいつはヤバい」と思った相手には警戒して口を利かなくなる。それも中途半端に口を利かないのではなく全く話さない。それでよく一社会人としてやっていけるなと思うのだが、そこがやはり阪神体質といっていいものだ。

岡田はほとんど私と口を利かなかった。私はどうやら「ヤバい」ほうに分類されていたようだ。

岡田が阪神の監督だった時、阪神のある主力選手と食事をする機会があったが、彼は、「阪神にはベンチからのサインがない」

といっていた。「おまえに対してだけ、ないのだろう?」と確かめると、「いや、チーム全体にサインがない」という。まさかとは思ったが、「そういえばリーグ優勝した年に一度だけ、バントのサインが出たことがあります。サインというより、送っておいてくれと選手に口頭でいってました」というのを聞いて、本当に驚いてしまった。

しかしよく考えると、なるほどなと納得することもあった。というのは、阪神監督時代、私は岡田が監督だった二軍の試合を視察していて、送りバントを全くしないのを不思議に思ったことがあった。そこで二軍監督の岡田に、

「おい、なんでバントをさせないんだ？」

と聞くと、

「僕は現役時代、セカンドをやっていて、相手が送りバントしてくれると助かったと思ったものです。1個アウトが取れるので守ってて気が楽になった。だから相手を楽にさせたくないんです」

と真顔でいったのだ。

サインを出さないのは自主性を重んじるためなのか。そういえば聞こえはいいが、要するに選手に任せっきりの野球なのだろう。どう考えても、これは監督としての職責を

放棄しているとしか思えないのだが、どうだろうか。

カメラマンが「いつでも絵になる」と語った水原監督

巨人、東映、中日と監督を21年間続けたのが、水原茂さん。水原さんは大リーグの戦術などをいち早く学び、日本に取り入れた革新的な指導者でもあった。

昔、新聞社のカメラマンたちが、「いついかなる時でも、ファインダーをのぞくと絵になったのは水原さんだけ」といっていたように、とにかく水原さんはお洒落《しゃれ》で絵になった。格好のいいダンディな人だったのだ。

ユニホームをきちんと着こなす姿も、忘れられない。巨人時代は、ユニホームを着て外に出るまでに、たっぷり30分は鏡の前で時間をかけたというから半端ではない。自宅から球場までの通勤時の服装では、お洒落な格好をして、ニューヨーク五番街の有名店の帽子をかぶり、腕時計などもいいものを身に着けていた。それでいて嫌味な印象がない、とにかくスマートな人だった。

水原さんには「勝負師」との異名もあったが、確率の高い野球を目指した点においては、勝負に徹底した監督だったといえる。たとえば、序盤の回でもノーアウトでランナーが出れば、送りバントをためらわなかった。

水原監督がかけてくれた忘れられない言葉

水原さんが最初に日本野球に取り入れた大リーグの手法の一つに、ブロックサインがある。野球に詳しくない方のために簡単に説明すると、監督やコーチから味方に送るサインの方法で、相手に見破られないよう、いくつかの動作を組み合わせて指示を伝えるものだ。

当時は、ブロックサインなどという概念が日本にはなく、水原さんがやたらと胸元に手をやったり、帽子のつばに指をかけたりするのを、いつも不思議な気持ちで見ていた記憶がある。

「この人、試合が不安でお祈りをしているんじゃないか」

とさえ思ったほどだった。しかしそれは、打者、走者へのサインだったのだ。

また彼が日本で始めたものに、ワンポイントリリーフがある。

これは一人一殺の戦法で、左の強打者を迎えた時、右投げから左投手に交代して、左打者が左投手に弱い点を突いた戦法である（左投手の投げる球は、左打者にとっては背中から飛んでくるイメージがあり打ちづらい）。

ツープラトン・システムも、日本で最初にやり始めたのは、水原さんだった。

相手チームの先発ピッチャーが右投手と予想された時は、左打者を並べ、左投手ならば右打者をラインナップする戦法だった。それまで行き当たりばったりでやっていたヒットエンドランも、監督からの指示でツーボール、ノーストライクの場面で試みる定石をつくったのは、水原さんだった。

そんな水原さんの思い出を一つあげてみたい。

あれは私が南海にいて、水原さん率いる東映とダブルヘッダーで戦った第一試合でのこと。

忘れもしない、森安敏明《もりやすとしあき》というピッチャーから私はデッドボールを食らった。耳から血が出たが、なんとかプレーを続けようと、私はベンチに引っ込むことはせず、グラウンドに居続けたが、そんな時、

「大丈夫か、休んだほうがいいぞ」

と声をかけてくれたのが水原さんだった。死球を受けた後、こんな言葉をかけてくれた相手チームの監督は、後にも先にも水原さんだけだった。

巨人の打者に迷いがない理由

野球は、１点差を争うような緊迫した状況では、監督やコーチの指示が選手に大きく影響する。

たとえば味方の攻撃の回で、起死回生のチャンスを迎えて、打席に向かう選手に一声アドバイスをする場合などがそうである。

こうした場面では、より具体的なアドバイスをして、短い一言で選手の背中をそっと押すような助言をしなくてはならない。

ところが実際には、こんなアドバイスをする指導者が実に多いのだ。

「狙い球を絞って、思いっきりいけ。ただ、くさい球には気をつけろよ。くさい球には手を出すな」

はたしてこれを聞いた選手は、どうするだろうか……。

「狙い球」と「くさい球」、「思いっきりいけ」と「手を出すな」は、相反する指示である。だからその見極めは選手自身が判断しなければならない。となるとこれはもう指示ではなく、選手を迷わせるだけの結果しか生まない。

どうしてこうした相反したアドバイスを平気でするのかといえば、指導者に保身の気持ちがあるからだ。自分の指示で結果が悪ければ、自分の責任になる。だから責任を回避できる安全策を敷いたアドバイスをすることになる。この場合でいえば、「思い切って打って点がほしいが、ボール球に手を出して三振や凡打になり、アウトになることは避けたい」という欲張りな意図が見え見えなのだ。

最近の巨人を見ていると、打者、特にクリーンナップは、緊迫した場面でも中途半端な打撃が見られなくなった。原監督やコーチを通じて、適切なアドバイスがなされているようで、迷いが感じられない。

私のもとで働いたコーチも現在の巨人にいるが、見逃し三振をしても、「根拠のある見逃しは選手を責めない」という指導が徹底しているようだ。

打者は相手の配球を読み、根拠を持って狙い球を絞る。その結果、違う球が来て見逃しても、それは仕方がない。

選手を責めないという指導は、私の哲学であったが、今の巨人にはそれが徹底されている。原監督率いる巨人軍の、今の強さの一因だと思う。

名将となった原は何を遺すか

巨人の原監督は、今季、通算11年目を迎えて頑張っている。

リーグ優勝の回数では、私の5回の記録をついに抜いた（私は南海で1回、ヤクルトで4回の計5回。原監督は巨人で計6回）。

長嶋や王が監督だった時の優勝回数をも上回っているのだから見事だ。

あとは日本一の回数。現在は私と同じ3回だが、これが追い抜かれるのも間近だろう。

そのような意味では原監督はすでに、名将と言ってよい部類に入ったともいえる。

また連続日本一は逃したものの、2012年、2013年とセ・リーグを連覇している。

そうなると、今後の原監督の力量として私がネット裏から注目したい点の一つは、次世代の監督やコーチとなる人材をいかに遺せるか、という点だ。

かつてV9時代の川上監督が、長嶋や王をはじめとして、森祇晶《まさあき》、黒江透修《ゆきのぶ》、高田繁《しげる》、土井正三、堀内恒夫など、監督、コーチとなれる人材を輩出したように、原監督のもとからいかに多くの指導者を後世に遺すか、が見所になる。

手前味噌《てまえみそ》で恐縮だが、参考までに述べたい。ある調査では昨シーズンのプロ野球界で、私の教え子、もしくは「野村のID野球」を経験した野球人のうち、監督やコーチを務めた者が全部で25人（10球団）いたそうだ。

これは正直にいってうれしいことである。

「財を遺すは下、事業を遺すは中、人を遺すは上なり」

という至言があるように、人材を遺すことこそがもっとも難しく、しかし多くの人々にとってもっとも役に立つことだ。

原監督の遺すものに、注目したい。

第5章

プロ野球、水面下の戦い

コンピュータも不可能だった長嶋対策

広島東洋カープは、巨人戦で王貞治を封じ込めるために、親会社の東洋工業（現マツダ）が持っていた、当時は珍しかったコンピュータを使用したことがある。

「巨人に勝つにはホームランバッターの王貞治を抑えるべき」という考え方だったのだろう。

コンピュータに王のそれまでのすべての記録をインプット。ホームラン、ヒットの打球の方向をシミュレートし、王を打席に迎えた時は、王専用の守備陣形を敷くことにしたのだ。

王の場合、打球の方向がほとんどライト側（右側）のため、外野、内野の守備位置を従来の位置から右へ極端に移動したのだ。これがいわゆる「王シフト」だった。

具体的にいえば、外野ではライトはより右、ファウルグラウンドのギリギリまで移動して深く守り、センターはライト側に寄って、レフトもセンター側に寄る。それぞれが右に移動するわけだ。こうするとレフトはがら空き状態になるが、あえてこうした。

内野の守備陣は、セカンドがより右に、ショートは二塁へ、サードはショートの位置に移動するといった、極端な右寄りの陣形となった。

もともと、王は意識して流し打ちのできる器用さがなかった。時にはがら空きのレフトに打つこともあったが、それは流し打ちというよりも、たまたま振り遅れて打球がレフトに飛んだだけだった。

この王シフトが功を奏すと、今度は、

「長嶋も封じ込められないか」

という話になり、広島は長嶋の全打球のデータをインプット。解析したようだ。

ところが……。

結論からいえば、結果はコンピュータもお手上げの「対策不可能」だった。

長嶋シフトは不可能と判定されたのだ。

長嶋の打球の方向に全く傾向というものがなく、バラバラだったためだ。

「内角を執拗《しつよう》に攻めれば、三塁ゴロやレフトフライが多くなるのではないか」

という専門家の予想も、全く当たっていなかったそうだ。

これでは長嶋対策に守備位置を変えて対応するということはできない。どんな守備陣形を敷いても無駄ということだ。

長嶋らしいエピソードである。

今だから話せる「長嶋茂雄の弱点」

では長嶋のような天才には、弱点はなかったのだろうか……。

というと、実はそうでもない。今だから話せることだが、弱点はあった。

1959（昭和34）年。この年は6月にあの長嶋がホームランを打った天覧試合があった。この年、開幕から5月上旬頃までは、長嶋の打率は4割4分と絶好調だった。ところが、5月中旬の対中日戦で徹底的に敬遠されたことから打率が落ち始めた。長嶋は繰り返される敬遠、四球で調子を崩してしまった。

実は四球が2度以上続いた後の長嶋は、もろかった。それはデータでも証明できるらしい。2打席連続四球で歩かされた後の打率は、なんと1割7分2厘だったという説もある。

それはなぜか……。長嶋は性格がせっかちで、近視眼的だ。息子の一茂《かずしげ》と後楽園球場に来ておきながら、まだ幼い一茂を残したまま家に帰ってしまったことがあったという。子供のことを忘れたのだ。

一つ気になることが生じると、他のことが見えなくなる。だから長嶋は四球でたびたび一塁に歩かされると、イライラして平常心を失ったのではないか。ただでさえ落ち着きのない、せっかちな男だ。打てず、勝負をしてもらえず、執拗《しつよう》に逃げられ四球で歩かされると、調子を崩した。

これは長嶋の弱点だったと思う。

もう一つ、長嶋の宿敵だった阪神のエース・村山実は、こんなことを言っていた。

「フルカウント３‐２の場面で、真ん中のストライクゾーンからボール球になるフォークボールを投げると、長嶋は必ず打ちにきた。そして真ん中から若干外、低めに落ちるフォークボールを投げるとこれも必ず打ちにきて、ショートゴロになった」

ともいっていた。天才にも弱点はあったのだ。

三原監督が日本に持ち込んだスパイ野球

日本のプロ野球にアメリカ仕込みのスパイ作戦を持ち込んだのは、三原脩《おさむ》さんが最初だといわれている。

三原さんが西鉄の監督を務め、史上最強といわれた西鉄の黄金時代、三原さんは外野からキャッチャーのサインをのぞかせていたという。また、相手チームのベンチに盗聴器を仕掛けたという説もあった。

そういえば三原監督はベンチにいる際、いつも補聴器のようなイヤホンを耳につけていたのは確かだ。私は、

「ラジオ中継を聴きながら、試合展開を読み、戦術に活《い》かしているのか」

とも思って見ていた。が、ある時、彼はイヤホンをベンチに置き忘れたことがあったという。それを耳につけた選手は、相手ベンチの選手たちの声が聞こえてきたので腰を抜かさんばかりに驚いたという話もあった。

アメリカでは球団が球場を所有しているケースがほとんどなので、職員を使ったスパ

イ作戦が簡単だったという。外野フェンスに陣取ったファンに変装した職員が、相手チームが守備の際は双眼鏡でキャッチャーのサインを盗み見する。そして両足には色違いの赤と白のソックスを履き、カーブならば白のソックス、ストレートならば赤のソックスの足をブラブラさせたりしたらしい。アメリカらしいエピソードだ。

阪急のスパイ作戦に苦しめられた私

私の南海での現役時代は、スパイ野球も盛んに行われていた。

特に阪急はその手法が巧妙で、我々は大いに悩まされたものだ。

「阪急のホームグラウンドである西宮球場に行く時は、気をつけろ」

とは、よくいわれたことだった。

まず、スコアボードの中に隠れた職員が双眼鏡を使い、キャッチャーのサインを盗み見する。そこで得た情報を、場内整理員などに扮《ふん》したスタンドの職員へ無線で連絡。連絡を受けた職員がなんらかの「合図」をすることで、バッターボックスに立つ味方選手に球種を知らせるというものだ。
たとえば、相手投手が右投げで、次の球が「カーブ」のサインだとわかったら、無線を聴いたスタンドの職員は、あらかじめ黄色や赤の目立つジャケットを着ながら、右に2、3歩動く。シュートならば左に、ストレートならば前に歩くそぶりをする。こうしてバッターは職員の「合図」を参考にして狙い打ちをした。

職員が派手な格好をしていないと、バッターボックスの選手は、広く遠いスタンドの職員の位置に気づくことができない。しかし目立つ格好であればあるほど、敵にもそれはわかってしまう欠点があった。そのため、顔が割れていない球団職員を順番に使ったり、時にはカップルで合図役に仕立てたりして、とにかく手が込んでいた。カップルがくっついたらストレート、離れたら変化球という合図だった。今なら笑える話だが、当時は真剣だったのだ。

バッターに受信機をつけさせてみたが……

しかしこちらも、やられっぱなしでは収まらない。

なんとかうまい反撃方法はないものかと考えていた時、あるコーチがヒントにしたのは、キャバレーへ行った時に見たある光景だった。

席に座っているホステスが指名を受けた時、ライターをつけてウエイターに合図を送る。これをヒントにして、打者に受信機を装着させ、ベンチからは盗んだ球種のサインを発信機で伝えられないか、ということになった。音も光もなく、振動で伝えられないか、機器メーカーの関係者に相談して、もっともらしいものを試作してもらった。

ところがベンチからいくら信号を出しても、バッターボックスにいるバッターにうまく届かない。

「おい、スイッチ押しているの、わかってんのか」

「いや、ぜんぜん振動しなかったですよ」

万事休す。性能を高めるには、今の予算では限界とかで、ウン千万もかければいい性能のものができるとメーカーにいわれて、結局諦めてしまった。

ある時、あまりにも各チームのスパイ合戦が度を越してきたので、パ・リーグ全体で緊急の監督会議が催されることになった。

席上、南海の監督だった私が、

「スパイ野球は自粛していく方向で考えましょうよ」

と苦言を呈すると、もっともスパイ野球に熱心だった阪急の当時の監督・西本幸雄《ゆきお》さんは、

「ノムよ、そういうおまえのとこが、一番やってるやないか」

と反論してきたのには、参った。

巨人のスパイ作戦は、やはりどこか洗練されていた

日本シリーズ9連覇を果たした頃の巨人のスパイ戦は、やはりそのやり方もどこかス

マートで、洗練されていた。いわゆる「えげつなさ」がなかった。

たとえば、セカンドにランナーが出た場面。ランナーは相手捕手のサインをのぞき、次の球をバッターボックスにいる味方打者に伝える。球種がストレートならば、ランナーは二塁ベース上に立って、まっすぐ本塁側に1歩、2歩、歩く。カーブの場合は、右の投手ならばボールは右に曲がるので、ランナーはリードした足のライト側、つまり左足側に体重を乗せる仕草をする。シュートならば、逆に右足（レフト側）に体重を乗せる仕草でリードをとっていた。

しかし受験勉強と同じ理屈で、カンニングをしていてはいつまでたっても実力は身につかない。

それ以上に、近年はトレードで選手のチーム間の移動が激しくなったため、スパイ野球も自然にすたれてしまった。どんなに緻密なスパイ作戦を練っても、選手が他のチームに移籍すれば、自然と情報は漏れてしまう。スパイ行動自体が無意味になったのだ。

今だから話せる、乱数表がプロ野球に与えた悪影響

乱数表は一時期、こうしたスパイ行動を防止するために、日本のプロ野球界では大流行した。

乱数表は、縦5マス、横5マスの合計25の数字が並んだ表であり、キャッチャーがピッチャーに対して、ミットの陰から指で、1、3と示せば、縦1マス目、横3マス目に交差した数字を見る。それが、1ならばストレート、2ならばカーブと、あらかじめ球種を決めておくわけだ。

この乱数表は、ピッチャーがあらかじめグラブの親指のあたりに貼り付けておき、確認しながらサイン通りの球種を投げる。そして試合ごとに乱数表は取り変えるため、見破られる可能性は非常に少ないといえる。

ただし、乱数表の使用で思わぬ弊害も生まれた。

試合時間が長くなってしまったのだ。ピッチャーがいちいちグラブの乱数表を確認しながら投球するため、1球を投げる所要時間が、平均14秒から17秒まで、なんと3秒も

延びてしまった。高校野球の所要時間の平均は７・８秒だから、いかにプロ野球が時間がかかっていたかがわかる。

そのため、ついにというべきか、１９８３（昭和58）年６月以降、乱数表の使用は禁止となった。

もう一つの闘い、それは「審判との闘い」

少し話を変えてアンパイヤ、審判の話をしよう。

現役時代を振り返ると、実にいろいろな球審がいたものだ。キャッチャーというポジションは、アンパイアと非常に近い。ただでさえ打席に立った相手チームのバッターに対して「ささやく」のが得意だった私は、いろいろな意味で審判とも「闘う」ことが多かった。

しかし基本的には球審に逆らったらおしまいである。しかも、それはその場だけでは終わらない。後々までも、その審判にどんな仕返しやお灸《きゅう》をすえられるかわからないので、とにかく私は球審の心証を悪くしないよう、気を遣う「闘い」に徹していたものだった。

パ・リーグで審判部長も務めた田川豊・球審は、戦争に従軍した経験もあるためか、かなりの「愛国者」だった。

打者がアメリカ人の場合、微妙な判定がいくつかあった。キャッチャーの私でも「今のはボールだろう」と思う球を、「ストライク！」とやることが何度かあったのだ。当然、アメリカ人のバッターは抗議する。すると、

「なに！　この○×が！　ストライクといったらストライクだ！（○×は差別言葉）」

と敵意むき出しでやり返すこともあった。

しかし田川さんはもちろん正確な審判が身上で、捕手からすると「うまい！」と唸《うな》る判定も特徴だった。

またある時、「今のがなんでボールなんですか」と彼に抗議すると、「すまん、間違えた」と率直に謝ってくれる人だった。

謝ってもらってももちろん、判定がひっくり返ることはなかったが、それでもお互い

人間だから誤りを率直に認めてくれれば、こちらも悪い気はしないのである。

いくら質問しても全く反応のない球審も

例えば内角低めのストライクゾーンに球が来て、「これはストライク」と思った球を審判がボールと判定した場合は、

「今の低いんですか、それとも外れてるんですか」

と、球の高低（ストライクゾーンより高かったのか低かったのか）、あるいは内外（ストライクゾーンより内側に外れていたのか、外に外れていたのか）確認のため球審に聞いたりする。そんな時、球審によって態度はいろいろで、

「低い」

「外れてます」

「低いでしょう」

「ダメ」

と、答え方もさまざまだ。なかには一言も発しない、答えてくれないアンパイヤもいた。

「今の、えっ？　ボールですか？」

「………」

「高いんですか、それとも外に外れた？」

「……」

「聞いてるんだから、答えてくれてもいいじゃないですか！」

「……まあ、やってください（続けてください）」

と、にべもない。

ストライクの時は、ボクシングのフックを打つような格好で「ストライク！」と雄叫《おたけ》びを上げたのは、露崎元弥《つゆさきもとや》・球審だった。ある時、ストライクと思った球をボールと判定されたため、

「えっ？　今のがボールですか⁉」

と訴えると、

「紙一重、外れてる」

と一言。

「よう見てはるなあ」

とお世辞も交ぜて対応しなければならなかった。

日によってストライクゾーンが変わる審判

露崎元弥・球審には、いつだったか、完全なストライクをボールと判定されてしまったことがあった。この時ばかりは私もたまらずに、

「今のがボールですか！　なんでです！」

興奮して声を荒《あら》らげると、

「今日はそのコースはとらん」

といい出すのでびっくりしたことがある。日によってストライクゾーンを変えられてはかなわない。しかし、

「今日の露さん、調子いいなあ」

とその場はお世辞をいって収めることにした。

とにかく審判ににらまれたらこの世界では生きていけないのである。

審判も人の子。ミスジャッジはある。

しかしミスジャッジは、実はミスをした当の本人こそが一番わかっていることでもある。だからおかしい判定をした時など、キャッチャーが無言で球審を振り返ると、球審は「しまった」と内心思っている様子があった。ジャッジを下した本人が、もっともミスを自覚しているのだ。そうだからこそ、選手は激しく抗議したりするとむしろ逆効果になる。

「名アンパイヤ」として名を残した筒井修さんの言葉に、こんな名言があった。

「バッターは殺してもピッチャーは殺すな」

ボール球をストライクとミスジャッジするよりも、ストライクをボールと誤審するほうが罪は重い。なぜなら、ピッチャーはそのたった1球でペースが狂い、崩れ落ちることがあるからだ。

野球を知り尽くした球審ならではの言葉だった。

捕手はなぜ、審判に暑中見舞いを出すべきなのか

現役時代の私は、審判には毎年、暑中見舞いと年賀状は欠かさずに出したものだ。別にへつらったり、ゴマをするわけではなかったが、そこはお互い人間と人間のやること。できれば、気持ちよく仕事をしたいという一念から、礼儀として続けていた習慣だった。そして試合が終われば「ありがとうございました」と頭を下げ、礼をいうのを忘れなかった。微妙な判定をされて不愉快な時でも、翌日に顔を合わせれば、

「昨日はよく見えてましたね。参りました」

と挨拶をするように努めた。よく投手を亭主、捕手を女房と譬《たと》えることがあるが、捕手は女房役なのだから、審判との人間関係もできる限り良好に保つのは当然のことではないだろうか。

審判はいわば夫の上司に当たるような立場の人。女房たるもの、夫のためには愛想の

一つもいえなくてはいけないのだ。

巨人というチームには9人でなく10人いた?

「円城寺《えんじょうじ》　あれがボールか　秋の空」

誰が詠んだか知らないが、1961（昭和36）年の巨人－南海の日本シリーズ後に、南海の本拠地、大阪球場ではずいぶんと流行った句だ。

日本シリーズ第4戦、9回裏、リードしていた我々南海は、巨人からツーアウトを取って、あと一つのアウトで勝利という場面だった。

私がマスクをかぶり、ピッチャーは外国人のスタンカ。打席には巨人で「エンディ宮本」と呼ばれていたハワイ出身の宮本敏雄を迎えていた。ワンボールツーストライクのカウントとなり、私が出したサインはフォークボール。こちらの指示通りに、ほぼ真ん中にフォークボールが来て、私のミットに収まった。瞬間、私は思わず喜びで腰を上げ、スタンカは両手を上げてバンザイをした。しかし、

「ボール！」

円城寺満・球審の判定は信じられないことに「ストライク」ではなかった。

私もスタンカも、そして鶴岡一人監督も猛烈に抗議したが、判定は覆らない。結局、調子を乱したスタンカはその後打たれ、敗戦、第６戦までもつれこんだが、結局日本シリーズ優勝を逃した。

この時の円城寺・球審の名をとって「円城寺　あれがボールか　秋の空」が生まれた。

日本シリーズの前、対戦する巨人の情報がないため、私はデータを得るためにセ・リーグの関係者に聞いて回ったことがある。その時、よくいわれたことがある。それは、

「巨人と戦う時は相手は10人だぞ」

という言葉だった。今でも忘れられない。

実際にあった「王ボール」「長嶋ボール」

野球は９人で戦うものだが、巨人戦に関してはもう一人、巨人の選手がいる。「それ

は審判だ」という。つまり巨人に有利な判定が多いという。円城寺・球審はセ・リーグの審判だった。私はある時、親しい審判の一人に聞いてみたことがある。

「なんで巨人戦だと、審判は巨人寄りの審判をするんですか」

すると彼は、

「はっきりとはいえないが、そういう傾向はたしかにあるだろう。日本のプロ野球は巨人でもっている。潜在的に巨人有利の判定をしがちなのかもしれない」

ということだった。

「王ボール」という言葉をご存じだろうか。

「長嶋ボール」というのもあった。要するに、王や長嶋がバッターの時は、ストライクかボールかの微妙な球が「ボール」と判定されるのだ。たしかに、日本シリーズで巨人と対戦した時、王や長嶋がバッターボックスに立つと、ストライクゾーンが狭くなったように感じたものだった。微妙な球、ストライクともボールとも言える球が、「ボール」になったことがあった。

毎年9月になると不安になるコーチの奥さんたち

選手だけでなく、いや選手以上に監督、コーチは毎年シーズンも半ばになると、「来年の自分はどうなっているのか」

とプロとしての自分の行く末に不安を覚えるものである。

たとえば9月頃になると、セ・パ両リーグとも今シーズンのチーム成績がほぼ見えてくる。何年契約をしていても、その時の成績次第では即クビの場合もある。特に監督の立場はもっとも不安定だ。コーチも監督の人事の影響を受けてクビを切られることが多い。

「秋になると、来年の正月を無事に迎えられるのか、毎年不安に思います」

とは、某コーチの奥さんから聞いた言葉だ。コーチの奥さんとしては、それこそ毎年毎年、秋には来年の夫の処遇が気になって仕方ないことだろう。

面白いもので、私がユニホームを脱いで、ネット裏で評論家活動をしていた時代、スポーツ新聞に、

「○○球団監督、候補に野村」

と出ると、その年はお中元や残暑見舞いがやたらと増えたものだった。一度も話をしたことのない元選手、元コーチからも届けられる。もちろん現役のコーチからも来る。

逆に、私が南海の監督を解任された時は、お中元やお歳暮が激減した。もっとも不思議だったのは、その年、解任されたのは突然で、時期は9月だったにもかかわらず、例年、6月下旬から7月上旬に届くコーチたちからのお中元が激減していたことだった。彼らは皆、事前に知っていたのだ。私が解任されることを……。

知らぬは本人ばかり。6月下旬の時点ですでにコーチたちは「読んで」いたのである。

MLBと日本プロ野球の年金の差

引退後の選手の生活のことで、もう一つ述べておきたい。

近年は、日本人の名だたる野球選手が、次々とメジャーリーグに行ってしまう。

個人的には嘆かわしいことだと思うが、日本人選手の流出に歯止めがかけられない。

それは、なぜか……。

いろいろ理由はあると思うのだが、日本プロ野球界が劣っている点について言及したい。

特に注目すべき点は、MLB（メジャーリーグ・ベースボール）は日本球界に比べて年金制度や保障制度が非常に整っているということだ。

私が受け取っていた年金は月に約12万円ほどだったが、日本野球機構は2010（平成22）年でプロ野球適格退職年金制度を廃止してしまった。

かたやメジャーリーガーは、受給の開始年齢によって差はあるものの、10年以上のメジャーリーグ経験があれば、およそ年間千5百万〜2千万円の年金が支給されるという。日本とは雲泥の差だ。日本は選手の育成、野球に対する研究は最高レベルにあるのだが、選手の引退後の生活まで考えた保障はなんら考えられていないのが現状といえる。これではどんどんいい選手が日本球界からメジャーリーグに流出するのも無理のない話ではないだろうか。

また今後、もっと大きな問題になってくるのは、日本の高校生が日本のプロ野球を経ずに、アメリカ大リーグに直接行くようなケースだろう。

現に社会人野球からボストン・レッドソックスに入団した田澤純一《たざわじゅんいち》選手のようなケースがある。これを恐れた日本野球機構は、高校生、大学生、社会人がドラフト指名を拒否して直接アメリカ大リーグに入団した場合、日本に帰ってきてから何年間かは指名されることなく、球団と契約できない規則をつくった。

こうしたことが吉と出るか、凶と出るか。私には結果は明々白々のように思えるのだが、どうだろう……。

日本人がメジャーリーグで活躍できる理由

かつて昭和の頃には、メジャーリーグのチームがシーズン後に来日し、日本チームと対戦することが2年に1度の割合で行われていた。

読者の皆さんもご記憶があると思うが、当時のメジャーリーグはとてつもなく強かったのが印象にある。しかも来日するメジャーリーグの球団はサンフランシスコ・ジャイアンツやセントルイス・カージナルスといった単独チームだったが、迎え撃つ日本側はオールジャパン、全日本だった。それなのに実力の差は歴然とあった。

ヤクルトの監督時代、毎年アメリカ・ユマでキャンプを張っていたがある時、パット・コラレスという元メジャーリーガーと知り合うことができた。彼は、ジョニー・ベンチというメジャーリーグ史上最高の名捕手の控え選手で、相当な実力の持ち主だったが、彼に、

「近年、日本人選手がメジャーリーグに行き、活躍している。これは日本野球のレベルが上がったためだろうか。どう思う?」

と聞いてみたことがあった。すると彼は、

「ミスター・ノムラのいう通り、日本人選手のレベルが上がったこともちろんある。しかしもう一つの理由は、かつてメジャーリーグは16チームしかなかった。しかし今はその倍近い30チームもある。16チームしかなかった時代は、各チームとも選手層が厚く、優れた選手が揃《そろ》っていたのだ」

と語ったのが印象的だった。

チーム数が倍近く増えれば、おのずと選手枠は拡大するが、選手のレベルは落ちるのは否めない。近年の日本人選手のメジャー挑戦の成功には、そういった事情もあることをやはり心に留めておくべきだろう。

オールスター戦で行われた「今だからいえるもう一つの闘い」

オールスター戦は、ファン投票と監督の推薦により選ばれたセ・パ両リーグの選手が、それぞれを代表して戦うセレモニー的なイベントだ。

私は南海、ロッテ、西武と過ごした現役時代、光栄にも21回も出場させてもらい、今でもいい思い出として記憶に残っている。パ・リーグ出身の私は、マスクをかぶってパ・リーグの投手とバッテリーを組み、セ・リーグの打者と対戦する。セ・リーグの王や長嶋と戦うのは何よりも楽しかったが、実はそれ以外に、重要な「仕事」があった。今だから話せるが、「もう一つの闘い」があったのだ。

たとえば南海時代、選手兼監督でもあった私は、あらゆる機会を通じて、相手チームの戦力分析をしなくてはならなかった。一言でいえばパ・リーグの他球団のピッチャーたちを常に観察し、その実態を把握しなければならない。いわば偵察だ。日頃、対戦している相手チームの投手、特にオールスター戦には名だたる名投手が出場するので、捕手の私としては彼らをじっくり観察できる絶好の機会でもあったのだ。

彼らのデータをとっても、どうしてもわからない点がある。それを確かめるには、最適の舞台だったのである。

彼らの球を捕手として実際に受けてみて、その特徴や武器となる勝負球を研究できるのだ。こんな機会はめったになかった。

「鉄腕」稲尾との仁義なき戦い

しかし、そんな私の腹の中を見抜いているピッチャーもいた。

西鉄ライオンズの「鉄腕」稲尾だった。稲尾とバッテリーを組んだ時は、稲尾の武器である変化球、特にスライダーをもっと研究したいと思っていた。稲尾のシュートの素晴らしさはよくわかっていたが、スライダーが今一つよく見極められない。

そのため、当然、スライダーを多く投げさせたい。投げさせて、どのくらい曲がるか、どの程度の速さなのか、間近で確認しようと思ったのだ。

ところが、私がスライダーのサインをいくら出しても、彼はストレートを投げてくる。おかしいなあと思いながらも、最初は彼がサインを見間違えたのだと思い、スライダーのサインを繰り返した。

しかし、またストレートが来る。あるいは他の変化球が来た。スリーアウトになってベンチに戻る際、

「おい、サイン見てないのか、違う球が来てるぞ」

と言うと、

「えっ？　そうか」

と稲尾。

「スライダーのサインやないか。なんでストレートばっか放るんだ」

「あれ？　いや、ストレートのサインじゃなかったか」

ととぼけているような彼の顔を見て、ようやく私は気づいた。「あぁ、これはわざとだな」と……。彼は伝家の宝刀、勝負球のスライダーをじっくり観察されないように、わざと投げなかったのだ。この稲尾のおとぼけの投球は、以後オールスター戦でずっと続いた。後年、稲尾は記者に語っていたものだ。

「オールスター戦では、セ・リーグのスターである長嶋や王と対戦したのに、今はぜんぜん記憶に残っていない。それよりも南海のノムさんとの闘いに忙しかったからだ。お互い、手の内を盗まれないよう、バッテリー間で常に闘っていたんだ。だからセ・リーグのバッターの記憶がほとんどないんだよ」

稲尾との闘いは、今でも良き思い出の一つだ。

私の作戦に引っかかった名投手・山田

逆に、オールスター戦での私の偵察が功を奏することもあった。

それは当時の阪急のエース山田久志《ひさし》に対してだ。山田はパ・リーグを代表する名投手だったが、彼の投げる球種で、一つどうしても分析できない変化球があった。それはスライダーだった。

ペナントレースで、打者が彼のスライダーを引っかけて凡打するシーンがよく見られた。しかし、スライダーを球種として意識して投げているように見えるが、そうでもないようにも見える。つまり、ストレートを投げていてそれが自然に変化し、その結果スライダーになっているようにも見えたのだ。だから対策がとれなかった。

これを確かめるには、オールスター戦が絶好のチャンスだった。だが球界を代表するエース・山田に対して面と向かって、

「おまえのスライダー、あれは球種としてちゃんとマスターしたのか、それとも自然に回転してスライダーになっているだけか」

とは聞けない。聞いても本人は正直には答えないだろう。オールスター戦は真剣勝負のペナントレースではなく、「お祭り」。バッテリー間のサインの交換は簡単にする。私は彼に、

「ミットから指1本出したらストレート、2本ならカーブ、3本ならシュート、4本な

らスライダーでいこうや。どや？」

と水を向けると、彼は、

「えっ？　僕にはスライダーはないですよ。投げませんよ」

といったのだ。あれはナチュラル回転だったのだ。山田には悪いが、私は内心ほくそえんだものだ。

技術力で劣る選手には知識と情報を注入する

私は常々、選手の育成、指導の基本は、考え方のエキスを注入することだと考えてきた。それが監督やコーチの仕事だと思ってきた。

経験に基づいた知識や、いろいろな書物、先輩から教えられ見聞きした知識。それらを選手に注入すること。それが管理職の仕事でもあると思う。

というのは、人は考え方さえ変われば、取り組み方が変わるからだ。結果的にはチーム全体が変わっていくことになる。

特に技術力の劣った最下位のチームには、そういう注入が不可欠になる。そもそも最下位とは、弱いということは、技術力が劣っているからだ。

技術力が劣るならば、経験と頭脳、知識で補って戦うしかない。

どんなことでもいい、選手のプラスになる情報を収集し活用する。その一環として私が監督時代に継続してきたのが、「先乗りスコアラー」の活用だった。

私はスコアラーを徹底的に教育して、次に対戦するチームの情報を集めた。

例えば今週の対戦相手がロッテで、来週が西武の場合は、

「ロッテの試合は見なくていいから、西武の試合を見に行ってこい」

といって先に情報を収集させる。そしてチームが勝つための情報なら何でもいいからとにかく仕入れてこい、と命じた。

収集した情報は分析し、対策を練って、試合前のミーティングで選手たちに披露した。

この徹底した情報収集の繰り返しが、技術力の劣ったチームの生きる道だったのだ。

1995（平成7）年、ヤクルト－オリックスの日本シリーズ。

この年のオリックスのイチローはいわば全盛期で、イチローを抑えなくては勝てないと予測した私は、当然ながらイチロー対策を練った。まず最初はスコアラーに、イチロー攻略法をなんでもいいから考えてこいと指示した。しばらくして、

「どうだ？　できたか」

と聞くと、

「いえ、できません」

と平然という。

「見つからないのか」

「打たれるのを覚悟してやるしかないと思います」

「なに？　それでは負けろということか」

「何を投げても打たれると思います」

力でかなわない相手には心理作戦で勝負

そこで、これはマスコミを使うしかないと私は考えた。

日本シリーズ間近になると、メディアの取材が殺到し、「試合のポイントは？」「イチロー対策は？」と必ず聞かれるに違いない。そこで私はあることを考えついた。

NHKのスポーツ番組に出演しインタビューを受ける時、事前に選手たちに、「テレビで勝手なことを喋ってくるから、おまえたちはみんな耳ふさいでおけよ」といっておいた。そしてテレビで「イチローの攻略法は？」と聞かれると、「どこへ投げても打たれるでしょう。ならばインコースを中心に攻めて、それで打たれたらしょうがないと割り切ります」

と答えたのだ。

これはイチローの耳に入ることを計算したうえでの心理作戦だった。左バッターは、インコースを意識すると右肩がいつもよりも早く開く。つまりバッティングフォームを崩しやすい。そこで実際の対決では外角を中心に攻めながら、右肩の開きが早くなったイチローを、外角球を引っかけさせて打ち取る策に出た。

この策は見事な手応えがあった。彼は凡打が続いた。

結局、ヤクルトは4勝1敗で日本シリーズを制することができた。イチローは2割6分強しか打てなかったはずだ。力対力の勝負に勝てない時は、心理作戦しかない。その典型のような戦いだった。

配球に困った時は「ささやき作戦」

「このピッチャーなら何を投げても打たれない。俺はただキャッチャーミットを構えていればいい」

と思えたのは、長い現役時代でも南海の杉浦忠ぐらいだった。

あとは、というか、ほとんどの投手は正直に言って配球に大変苦労させられた。あの手この手で配球を組み立て、考えあぐね、工夫しなければ到底バッターを抑えることはできなかった。

杉浦がピッチャーだと、バッターが真ん中のストレートを待っているとわかっていても、平気でストレートのサインを出せた。打たれないからだ。ボールが前に飛ばなかった。それほど杉浦の球はすごかった。

だから私のキャッチャー人生は、配球に苦心した人生でもある。

そんな中でも「何を投げても打たれそうだ」という絶望的な状況が多々あった。そういう場合は、投げさせる球がないのだから、本当に困る。

そこで編み出したのが、いわゆる私の「ささやき作戦」である。

バッティングは、集中力と積極性という2大要素で成り立っている。ボールに集中しなければ打てない。その集中を何パーセントかでも崩せないかと思って、私はバッターに小声で話しかける「ささやき作戦」を利用した。

もっともこの「作戦」は私の思いつきではなく、私自身が実際に体験させられたことだった。それをヒントにして応用したのだ。

南海で一軍に上がりたての頃の、阪急との試合。打席に入った私は緊張して、バッテイングに集中しようとしていると、阪急のキャッチャーが、ささやくように言ったのだ。

「あれ？　おまえ、構えが変わったな」

「え？」

私は一瞬、ぎくっとした。別にバッティングフォームを変えてはいない。しかし……。そう思うと彼の言葉が気になってしょうがなくなった。そのため打撃に集中できない。結局この時、私は三振に倒れた。悔しかったが、試合が終わって冷静になってみると、「これはいい手だ」と気づいた。

これは使える。バッティングに必要な集中力と積極性が、打席でささやかれることによってそがれる。集中力を切らしてしまうのだ。

「ささやき作戦」が通用しない二人の選手

その後、私は配球に困ると、この「ささやき作戦」をよく使った。

しかし全く通じなかった選手が二人いた。

王と、長嶋だ。

王は、生来、人がいい性格なので、私がささやきかけるとよく応じてくれた。会話になったのだ。

ところがいざ投手が投球モーションに入ると、一本足になった王の形相は豹変《ひょうへん》した。数秒前まで私と会話したことなどどこかに吹き飛んでしまい、すさまじい集中力でバッティングに向かっているのだ。どこからあんな集中力が湧くのか、想像を絶する変わりようだった。

投手が振りかぶったとたん、バッティングに集中できる。どっからでもかかってこいと隙がない。バッテリーは、「この男にはどこに投げても打たれる」という恐怖心が先に立った。

王とは全く逆のタイプが長嶋だった。長嶋は人の話を全然聞いていなかった。

「チョーさん、最近、銀座で遊んでる?」

とささやいても、返ってくる言葉は、

「ノムさん、このピッチャー、調子どう?」

これでは全然、会話にならない。

人の話をまるで聞いていない長嶋は、しかし王と同様にすさまじいばかりの集中力でバッティングに向かっていた。彼はやはり特筆すべき存在だったのだ。

王と長嶋の二人を見ていて、いつも思ったのは、

「あの集中力は、いったいどこから来るのだろうか」

ということだ。それほど人間離れしていた。

「ささやき作戦」への対抗策、あの手この手

私の「ささやき作戦」は、総じて二流の打者ほど効果てきめんだった。

逆にいえば、一流の打者にはなかなか通用しない。

張本勲は、私の「ささやき作戦」に「微動だにしない」という手で対抗してきたことは第2章で述べた。その他にバッターボックスを外すという対抗策に出てきたこともあ

る。

ささやかれると集中できないのだろう、私のささやきが聞こえるといちいち打席を外してしまった。だからなかなか試合が始まらない。審判が、

「中に入って」

と彼に指示するのだが、たびたび打席を外すとこちらも嫌気がさしてくる。集中もできないし試合が始まらないので、やむなく作戦を中断せざるを得なかった。

面白かったのは、白仁天《はくじんてん》という選手だった。彼がバッターボックスに入ってくるなり、

「ノムさん」

と得意そうにいいながら自分の耳を指さしたことがある。見ると、耳に綿をつめて耳栓をしていた。

こんなこともあった。

西本幸雄《ゆきお》さんが監督だった阪急との試合。試合開始で打席に立った若手の選手に、私はいつものように後ろからあれこれとささやいた。

ところが彼は全く反応しない。いつもならきちんと私のささやきに答えてくれるのに、

完全に無視するため、

「こら、先輩が喋ってるのに返事ぐらいせんかい」

と冗談で怒ると、彼はピッチャーに顔を向けたまま、

「ノムさん、勘弁してください。西本監督から『野村と喋ったら罰金だぞ』と命令されてるんです」

と緊張していったものだ。

「ささやき作戦」を逆に仕掛けられて……

バッターボックスに立つ打者にささやいて、相手の集中力をそぐ戦法を、真似して私に仕掛けてきた者もいた。

あれは今でも忘れられない。西鉄との試合だった。私がバッターボックスに立つと、岡本凱孝《よしたか》という西鉄のキャッチャーが、

「ノムさん、カーブでいきますよ」

と突然ささやいてきたのだ。なんだ？　と思って振り返ると、どうやら私の真似をしようという魂胆らしく、私としては笑うに笑えない気持ちになった。

「そうかい」

と言ってその場は軽く流したのだが、

「カーブですからね、ノムさん、カーブですよ。カーブ。打ってくださいよ」

と神妙な調子でささやきを繰り返す。騙《だま》されないぞと思って構えていたのだが、本当にカーブが来たので驚いた。私は反射的に見逃してしまっていた。

「えっ？」

「ノムさん、なんで打たんのですか、私、嘘《うそ》はいいませんよ」

と岡本。振り返ると、マスク越しに岡本の表情はよく見えなかったが、それにしても自分の戦法を逆手にとられたのは初めての経験だった。

正直にカーブが来たのには本当に驚いてしまった。

第6章

これだけはボヤいておきたいこと

監督は、実はオフも大変忙しい。その理由とは?

私は監督時代、キャンプインが待ち遠しくて仕方なかった。というのも野球に専念できるからであり、シーズンオフは野球以外のいろいろな雑事で本当に困り果てることが多かったためだ。

たとえば、こんなことがあった。

自宅に突然見知らぬ女性から私あてに電話がかかり、たまたま電話に出た妻に、「ご相談させていただきたいことがありまして――」という。妻は恐ろしい顔で、ソファに座っていた私をにらみつけたが、「実は野村監督のチームの、X選手のことで――」と女性はいった。そのため私は晴れて無罪放免となったが、その女性はその後すぐ私の自宅までやってきた。

そして延々と、いかにして自分とXが出会い、愛し合うような関係になったかを語り出した。結論は、Xと一緒になりたいのだが、彼からよい返事が来ない。ついては監督のほうからXに当たって、なんとかしてもらえないだろうかという依頼だった。

「結婚できないならば、いっそ死んでやる！」

と物騒なことまで女性は口走る。実際、手首の傷を見せて自殺未遂をほのめかすのだが、どう見てもとってつけたような傷に見えた。しかし、むげに扱うこともできないので、早速Xに連絡。事の顚末《てんまつ》を話すと、Xは私の家にすっ飛んできた。

女性は応接間、Xは別室に入れてそれぞれ話を聞く。Xは「結婚なんてとんでもない、たった一夜の戯《ざ》れごと。男と女のその場限りの関係にすぎなかった」と弁明する。本人から直接いいにくいため、私がXの気持ちを代弁して女性に伝えると、「それなら死んでやる！」と彼女はベランダに飛び出した。

女性は今まさに飛び降りようとする。Xも出てきて、必死で取り押さえるが、「ほっときなさい！」と妻は怒鳴っていた。

現金の引き渡しも、監督の私の役目だった

結局は金の話になった。

1千万円ならば別れてもいいという。急にすっきりとした顔でいうのだから呆《あき》れた。要するに女性はこういうことを専門にしている常習犯だったのだ。「私、ファンですけれども、一度でいいですから会っていただけないでしょうか」といっては選手に近づく。他球団でも数人、同じ手口で被害に遭っていたことを後で知った。各球団の宿舎を詳しく調べ上げ、電話で連絡を入れてくるのだ。

Xとしては女性のいい値をそのまま鵜呑《うの》みにするわけにもいかないので、値切りの交渉に入った。結局、夜中の零時近くまで、延々12時間の話し合いの末、手切れ金は2百万円というところまで下がって収まった。

Xは女性を駅まで送っていった。

しかし後日の現金引き渡しも、監督の私が行く羽目になった。妻の指示である。Xに行かせると、またどこでどうこじれるかわからないからだ。相手は母親が同席し、こち

らは妻が同行した。

指定されたホテルで現金の入った封筒を手渡すと、女性と母親はさっぱりとした様子で立ち上がったが、去り際に、

「この前、駅まで送ってくれた時、Xっていきなりキスしてくるんですよ」

とうれしそうに話したのには参った。まさに開いた口がふさがらないというのは、このことだ。

パ・リーグのスケジュールは「疲れる」「眠い」の二重苦

昭和の時代、パ・リーグの試合スケジュールは過密だった。

「セ・リーグはいいなあ」

というのは、単に人気があり、観客動員数が多いことに対してだけでなく、余裕のあるスケジュールがうらやましかった面もある。

たとえば1982(昭和57)年6月18日の近鉄は、東京の後楽園で日ハムとナイター

を戦い、翌19日にはロッテと川崎球場でデーゲームを戦い、その夜に大阪にとんぼ返りして、翌20日には藤井寺球場で阪急とダブルヘッダーをこなしている。ナイター、デーゲーム、移動、ダブルヘッダーとまことに忙しい。これがパ・リーグの日程では結構あるパターンであった。

またナイターのあった翌日、東京－大阪間を移動して、その日のうちに試合をする、「移動日なし」というパターンも、パ・リーグには多かった。逆にセ・リーグは余裕があり、オフの日が設けられ、きっちりと守られていることが多かった。

セ・リーグとパ・リーグでこのようにスケジュールに差が生まれるのは、人気の面で劣るパ・リーグが、集客のため土日にデーゲームを多くしたことも一因である。そうすると、昼と夜の時間差でセ・リーグのナイターとかぶらないため、球場にお客さんが足を運びやすくなるし、テレビ中継もされやすくなるためだった。

とにかくパ・リーグは疲れる。私にとっては「疲れる」「眠い」の二重苦だった。

信じられないかもしれないが、現役時代の食事は一日2食

そんな毎日で楽しみなのは、食事だった。

しかし私の知る限り、野球選手は一日2食の選手が多かったと思う。かくいう私も食事は、試合のある日はほとんどが一日2食だった。そして生活は完全な夜型である。これはナイターが多いので、どうしてもそうなった。

私の現役時代の一日はこうだ。まずはお昼過ぎに起きて、トーストに目玉焼き、オートミール、果物といった軽いメニューで、飲むのはコーヒー程度。朝食とも昼食ともいえない食事をとった後は、出かける準備をして、午後3時半頃には球場に入らなくてはならない。ここで軽いウォーミングアップから始めて体を動かす。夕方からのナイターの前に、あらためてきちんとした食事をすることはほとんどなかった。食べるとしても軽くサンドイッチを2切れか3切れ。おにぎりなら2個程度で、うどんやそばの場合もあったが、とにかく軽食ですませた。

そのため夜は、しっかりと食べた。パ・リーグはセ・リーグに比べて試合時間も長め

だったため、試合が終わってからまっすぐ家に帰っても午後11時を過ぎていることがほとんど。そこから夕食をとるのだが、通常は2人分ぐらいはペロッと食べてしまった。お肉主体のしっかりとした食事だ。最後に寝床に就くのは午前2時過ぎがほとんど。すぐ眠れればいいのだが、負けた試合の夜などは、ああでもないこうでもないと試合を振り返って眠れなくなることもよくあった。毎日よく眠れるというのは、頭を使わない選手だ。翌日デーゲームがある時などは、午前8時前には起きなくてならず、これも辛《つら》いスケジュールだった。

引き分け試合は、選手がもっとも迷惑する

「疲れる」といえば、引き分け試合ほど疲労感を感じるものもない。

私は現役時代から引き分け試合の処遇に、大いに矛盾を感じていた。

勝負は勝つか負けるか、二つに一つであるから、決着をつけることは必須だ。それなのに試合結果が引き分けとなると、正直言って気が抜けてしまうことが多かった。

引き分けは玉虫色の決着で、それはおかしいと思っていた。

実は選手自身にとっても引き分けはうれしいものではない。何時間もかけて戦いながら決着がつかない、白黒がはっきりしないと、疲労感と不快感だけが残る。

引き分け試合のルールはプロ野球が誕生して以来、いろいろと変わってきたが、ここでざっと紹介しておこう。尚、あまりに古い記録については割愛する。1952（昭和27）年、ナイターについては、それまであった時間制限をなくし、勝負が決まるまでとなった。1953（昭和28）年、パ・リーグは、ナイターの延長戦については午後11時45分までと時間制限を導入した（ただし、9回までは時間に関係なく行うものとした）。1954（昭和29）年からはセ・パともに午後10時半までとした。その後、紆余曲折を経て、1974（昭和49）年からは、試合開始から3時間という時間制限を設けることとなった。

現在は、延長戦は12回までと決まっていて、12回を終わった時点で同点の場合は、引き分け試合というルールになっている。試合時間の限定ではなく、延長戦の回数を12回までと限定したことで、選手からしてみれば、

「12回までに決着をつけなければ引き分けになってしまう」という共通の理解ができたので、戦いやすくなったとはいえるだろう。

野球選手が手袋を使う悪習慣は、誰が始めたのか?

第3章の江本孟紀《たけのり》のところで、「金髪、茶髪、ピアスなどの装身具の禁止」について触れたが、手袋も必要ないといったら驚かれるだろうか。

選手が手袋を使用するようになったのは、いつ頃からだろう。昔は手袋などしなかったのだ。

最初はスライディングでけがをしないように、ランナーが塁に出ると手袋をはめだしたのがきっかけだったと思う。それであれば走れるランナー、たとえば巨人の柴田勲《いさお》あたりが手袋の最初の使用者かもしれない。

私は手袋の使用には反対だ。特に打者がはめるのは大反対。素手でこそ、バットを握る手の感触がたしかなものになり、手とバットに一体感が生まれてくる。ところが手袋

という夾雑物《きょうざつぶつ》が入ると、感覚が鈍くなる。我々プロ選手は、運動具メーカーなどに特注でつくらせたバットを手にしたとたん、

「これ、グリップが0・1ミリ、太いな」

とか、

「グリップの上が気持ち、細い」

とすぐわかったりする。注文通り製造したメーカーは、選手の気のせいだと考えるが、持ち帰って実際に測ってみると本当に0・1ミリ太かったりする。そんな繊細で微妙な違いまでわかるのがプロの選手だ。だからこそ素手の意味がある。

手袋をしてバットを握るということが、感覚的に私には理解できない。こんなことをいう私がもう古い人間なのだろうか。

手袋をしていると格好よくスマートに見えるのかもしれないが、野球は頭を使ったプレーや繊細な技術を見せるもの。茶髪やヒゲ、手袋を見せるものではないことを、選手にもわかってもらいたい。

野球というスポーツの原点がある社会人野球

2002（平成14）年秋から3年間、私はシダックスという社会人（アマチュア）チームで監督として指揮をとったことがある。

この社会人チームの監督経験ほど、実は一野球人として考えさせられたことはなかった。

まさに清々《すがすが》しいというべきか、「これほど純粋な野球があったのか」という、原点に返るような思いの連続だったからだ。

「野球は素晴らしいスポーツだ」とあらためて思い知らされた3年間だった。

社会人チームは、選手が皆、同じ給料であり差はない。

個人の成績によって、給料が変わるわけでないのが、プロ野球と大きく違うところだった。しかしもっとも違う点は、チーム全員が一つの目的に向かって進み、一致団結して戦う清々しさにあった。

社会人野球の試合はトーナメント形式なので、高校野球と同じで後がない。

１回負けたらもう終わりという世界である。プロのように、シーズンを通して１４４試合がある中、「今日は１４４分の１の試合だ」という意識で目の前の試合を流すような選手は一人もいない。

野球を私物化するプレーも皆無だ。

決意、意欲、真剣さ、そのすべてが全くプロ野球とは違っていたのだ。

彼らは常にフォア・ザ・チームに徹していた。その清々しさは、野球の原点のように思えて仕方なかった。27年間、プロの現役選手だった私が、まさにアマチュアの社会人野球に教えられた貴重な体験だった。

もう一度見つめたい、正力《しょうりき》さんの言葉の真意

「巨人軍は球界の紳士たれ」

とは、プロ野球の生みの親でもある正力松太郎《しょうりきまつたろう》さんの言葉だ。

正力さんがどのような思いで、この言葉を残したのか、その真意は定かではない。た

だ私が1954（昭和29）年に南海に入団、初めてプロの世界に入った頃の球界事情から察すると、それは戒告のような意味合いもあったのではないかと思えてならない。

その理由はこうだ。

私が南海にテスト生として入団した時、

「プロの世界はすごいところ。朝から晩まで野球漬けの毎日だから、これはしっかりやらないとついていけないぞ」

と気を引き締めて臨んだ。半端な意欲ではなく、それこそ刃物を当てられたら血が噴き出すほど、私自身プロ生活に対して憧れ、恐れも抱いていた。

「プロの世界で活躍する先輩たちに、身近で接することができるのはありがたい。さぞすごい毎日なのだろう」

と覚悟していた。ところがいざ入団してみると、内情は想像を絶するものだった。先輩はどの人も飲む、打つ、買うの話しかしない。合宿所では毎夜、ネオン街に連れだって出かける。そして二軍の選手に、

「おまえら、そんなバットの素振りを一生懸命しても無駄や。バット振って練習して打

てるんなら、もうとっくにワシらが打ってるわい」

といっては、飲みに連れ出してしまう。遠征先ならば、ネオン街に繰り出す者、宿泊所に戻ってもマージャンを始める者と、誰一人として真面目に過ごす選手はいなかった。「球界の紳士たれ」とは、そのような当時の球界事情への警鐘でもあったような気がする。

「必ずレギュラーになれる」と確信した日

南海に入団してまもなく、二軍の試合で熊本に行った時のことだ。宿泊した旅館が海辺の温泉地だったため、旅館に帰るやいなや、先輩たちは皆、真っ裸で海に飛び込み身体を洗っている。試合で流した汗を洗っていると思っていたが、実は女性を部屋に連れ込むための「お清め」と知って呆《あき》れてしまった。

乱行、無礼講は日常茶飯事。品格のかけらもないプロ野球選手たちの生態を知ったのだった。これは南海のチームメイトだけに限らず、聞けば当時はどこも似たり寄ったりの状況だったようだ。戦後、10年も経《た》っていない日本で、身体一つで野球という大衆娯楽の世界に生きる男たちは、社会規範、社会常識からは大きくかけ離れていたのだ。

だからこそ、前述の正力さんの遺訓があったのではないか。

「せめて我が巨人軍だけは、社会人の規範にのっとり、品格を持って正しくあるべし」

そうした思いが、正力さんの言葉にうかがえて仕方がない。

しかし、私個人の立場から言わせてもらえば、当時のプロ野球のこうした状況は願ったり叶《かな》ったりでもあった。

なぜなら、自分はひたすら練習に専念できたからだ。

さまざまな誘いを断って、「付き合いの悪い奴《やつ》」と嘲笑《あざ》われながらも、私は気にせずバットを振り続けた。酒が合わない体質だったことも幸いした。

素振りは毎日毎日、それこそ来る日も来る日も続けたものだ。3千本安打の張本勲は、

「素振りは、夜の睡眠薬がわり」

といっていたが、バットを振らないと、練習しないと、不安で眠れなくなることもあった。そしてバットを振り続けた代償として、掌《てのひら》はいつもマメだらけだった。

空いた醤油《しょうゆ》の大瓶を食堂の人にもらい、水や砂を入れて握力の鍛錬も怠らなかった。遊んでいる先輩たちを尻目《しりめ》に、

「これなら二軍の自分でもいつか必ず一軍選手を抜ける。死に物狂いで練習すれば、俺はいつかレギュラーになれる」

と確信していたのだ。

そして現実に、私は先輩たちに並び、追い越し、今もこうして野球に携われているわけだ。

第7章

なつかしくもほろ苦い阪神、楽天時代の話

子供の頃は巨人ファンだった

京都府竹野郡網野町《あみの》（現・京丹後市《きょうたんご》）出身、つまり関西の出身である私の周囲は、子供の頃から圧倒的に阪神ファンが多かった。

しかし、私は生まれてからこのかた、一度も阪神ファンになったことはない。私はもともと巨人ファンだったのだ。理由は自分でもはっきりしないが、強いていえば巨人は強く、阪神は弱かったからだ。

この章では、私が実際に監督として指揮をとったチームの中で、特に阪神と楽天について語ってみたいと思う。講演会などでもっとも質問の多いのも、この二つのチームに関することだからだ。

まず阪神だが、阪神には昔も今も、強いというイメージが全くない。

なぜ弱いのか……。いくつか思い当たる理由をこの章ではあげてみたいと思う。

弱い原因の一つとして、球団の体質というか、姿勢があげられるだろう。

阪神球団のもともとの親会社は阪神電鉄（現在は阪急阪神ホールディングス傘下）。この会社は規模からいえば、私がいた南海の電鉄部門よりも小さく、総路線距離はマラソンコースよりも少し長い、約49キロ。これだけ規模が小さいので、形としては阪神電鉄が親会社でも、実際にグループを支えているのは、巨人とともにプロ野球界の人気を二分する阪神球団だった。

昔こんな話を聞いたことがあった。阪神のオーナーだった野田誠三さんがかつての運輸省の役人に、

「うちは本妻（阪神電鉄）ではなく、妾《めかけ》（阪神球団）に飯を食わせてもらっている」

といったという。有名なエピソードだ。

巨人と優勝争いをして最後に負けるのがいい？

南海に入団してまだまもない頃。

オープン戦で阪神と戦うことになった前日、移動の電車の中で偶然、阪神の営業担当

と隣り合わせになったことがある。その時、彼のいった言葉は今でも忘れられない。

「阪神はなあ、巨人と優勝争いして、最後は負けるのが一番ええ」

東京をライバル視する関西人のごとく、巨人をライバル視する阪神としては、優勝争いをしてペナントレースを盛り上げるのは球団としては当然のことだろう。球場に足を運ぶお客さんも増えるはずだ。ここまではわかる。ところが「最後は負けてくれるのがいい」という言葉の、意味がわからなかった。すると担当者はこう続けた。

「優勝したら年俸が上がって大変や。選手の給料で金が飛ぶ。最後は負けてほしい」

といったのだ。今から思うと、あれは阪神球団そのものの本音だったのではないかと思う。


現在は阪急阪神ホールディングスの子会社となって事情が違うかもしれないが、当時の阪神グループは阪神球団でもっていた。だから球団が不利益になることは避けなければならない。そのため阪神は強すぎてもいけなかったのだ。強く勝ち続け優勝したりすると、翌年は選手たちの年俸をアップさせなければならない。勝てば勝つほど選手の年俸は上がるのだから、これは球団の経営を圧迫しかねない事態だった。こうして勝っても負けても愛される阪神ができ上がる。どうせ負けても人気は落ちない。負けても人気があり、「ダメ虎」といわれようとも、球団としては「強すぎず、弱すぎず、優勝争いはするが優勝はできないチーム」、それが理想的というフロント体質ができ上がってしまったのではないか。

番記者を巻き込み派閥間で対立

弱い原因のもう一つは、チームが一丸にならない体質だ。

私がまだ現役の頃、オープン戦で阪神との対戦があり、甲子園球場に入ったことがあった。

選手が使う食堂があるのだが、派閥ごとに座る場所が決まっていたのには驚いた。村山実派は奥のテーブル、吉田義男派はその手前、小山正明派は別のテーブルと、それぞれが固まって食事をとっていたのである。

もっと驚いたのは、新聞記者たちもその派閥ごとに分かれていて、各場所に固まっていたことだ。小山派の記者が吉田派の選手に声をかけ取材しようとしても、口も利かない状態だった。この徹底ぶりには心底唖然《あぜん》としてしまった。こんな光景は見たことがなかった。私のいた南海にも、それなりに派閥のようなものはあったが、ここまではひどくなかった。

私はこの時、以前から阪神に抱いていたある疑問が、氷解するのを感じた。阪神はそれ相応の戦力を持った、セ・リーグを代表するチームだ。人気の面でも実力でも、優勝してておかしくないのに、なぜ長い間優勝から遠ざかっているのか。現に巨人がV9を成し遂げた時代も、阪神は5度、2位につけていたのだ。それなのに……。という疑問があったのだが、わかった。この派閥が原因だったのだ。

これではどんなにいい戦力があっても、勝てない。チームワークが生まれないからだ。勝てるわけがない。

「ヒットを多く打つ」＝「チームが勝つ」ではない

チームが優勝に向けて一丸とならない時、そのチームでよく見られるのが「個人主義」のプレーだ。

読者の皆さんもよく聞く言葉だと思うが、投手がテレビのインタビューなどで、

「一つでも勝ち星をあげることがチームのためになると思って、頑張ります」

と答えているのを耳にしたことが多いはずだ。

あるいは野手が、

「自分が１本でも多くヒットを打つことで、チームに貢献できると思います」

と答えるのも聞いたことが多いはずである。

これは、一見もっともな言葉に思えるのだが、実は大きな危険性をはらんでいる考え方でもある。

「自分が一生懸命働けば、チームにとってもいい」

という考え方は、実は正しくはない。そういう考え方をする選手が９人揃《そろ》ったチーム

は、永遠に優勝できないはずだ。

「自分が1勝でも多く勝つ」

「自分が1本でも多くヒットを打つ」

ということは「自分が頑張る」ことであり、「チームが勝つ」ことと同義ではない。個人記録はチームの勝利には実は直接は結びつかないのだ。ここを履き違えると、とんでもない個人主義のチームができ上がってしまうだろう。投手ならば「1勝でも多く勝つ」のではない、「チームのために投げる」ことが必要だ。同様に野手ならば「一つでも多くヒットを打つ」のではなく、「チームのために打つ」ことが求められているのである。勝利投手になることが、ヒットを打つことが、チームにとって最適とは限らないのだ。チームにとって自分は今、何をすべきなのか。何ができるのかを考えることが大切なのだ。

野球を私物化してはいけない

阪神のエースだった村山実は、天覧試合で長嶋にホームランを打たれたことをいつまでも意識していたのか、奪三振記録では周囲に、

「宿命のライバル長嶋から、奪三振の新記録を獲《と》る」

という主旨の話を公言して憚《はばか》らなかった。事実、通算千5百個目の奪三振記録、2千個目の奪三振記録は、長嶋と対決して三振を奪っている。また同じく阪神のエースだった江夏豊は、それまでシーズン奪三振の最高記録は353個だったが、

「俺は宿命のライバル、王から三振を獲って記録を塗り替える」

といった話を公言して、実際、新記録の354個目の三振は王から奪った。

公言して、ちょうどその時に対戦相手が長嶋や王になったのではないはずである。どこかで「調整」し、長嶋や王にちょうど新記録となる打順が回ってくるよう、その前の選手との戦いで「故意に手抜きして」三振を獲らなかったことはあったに違いない。

そこに問題がある。これは個人主義の典型的な悪しきケースであり、「チームの勝利

と個人記録は必ずしも結びつかない」という私の考えを証明するものでもある。

村山も江夏も、試合を私物化し、チームを私物化して新記録を打ち立てたことになる。果たして、その記録にどんな価値があるのだろうか。本人たちの自己満足以外に、どんな意義があるのだろうか、疑問だ。

絶対に必要なエースと四番。しかし……

私は「中心」のない組織は、機能しないと思う。

野球の場合も、チームには中心的選手の存在は必須条件だ。

中心的選手は、成績はもちろんこと、野球への取り組み方が他の選手の模範となるような素質がなければならない。

いついかなる時でも練習に対して真摯であること。さらに日常の生活態度やオフの過ごし方、ファンやマスコミに対する接し方などが、チームのお手本となるような選手でなければならない。

そのような中心的選手は、投打にそれぞれ一人ずつは不可欠であり、それがエースと四番なのだ。

私はかねがね「エースと四番は育てることはできない」といってきた。

無名の選手や二軍の選手をエースや四番に育て上げた事例が、長いプロ野球生活の中ではほとんどなかったからだ。

となるとエースと四番は、そのような能力を将来期待できる、即戦力となる新人を獲るか、他球団ですでにそのような存在を示している選手を引っ張ってくるしかない。

阪神の監督時代、私はチームにエースとなる投手、四番を任せられるような打者がいないことが最大の問題と考えていた。

そのためフロントの編成部には、

「ドラフトでは、将来チームの中心となるようなエース格、四番候補の選手を獲《と》ってほしい。即戦力となる選手を補強してほしい」

と何度も伝えた。しかしスカウト業務を担う編成部は、そのような現場の私の声を聞いてはくれなかった。当時の阪神の編成部には、長期的な展望に立ってチームの将来像を描きつつ、戦略的にスカウトするという考えがなかったのだ。

さらに諦めが早かった。

有望な新人の獲得に動こうとはするが、資金力のある巨人、あるいは西武が熱心に動いていると察知すると、あっさりと諦めてしまう。

「この選手は獲得に金がかかりすぎる。それにどうせうちには来てくれないだろう」

と言って諦めてしまうのだ。他球団と争ってでも獲るという姿勢が見られなかった。

当然のことだが、有望な選手にはみんなが注目する。いくつもの球団が指名するのはわかりきったことだ。それでもそこで戦わなくては、組織の補強にはならないではないか。

野球の戦いは、選手獲得の争奪戦からすでに始まっていると言えるのだ。

選手の批判記事を書かない関西の新聞

阪神というチームは、異常なところがある。

選手たちにはそれぞれひいき筋のタニマチがつき、夜の酒の付き合いも盛んなのだ。

そして常に選手はファンにチヤホヤされている。どんな未熟な選手でもスター扱いされているのが阪神だ。

関西のスポーツ紙は、選手の批判記事を書くと売れ行きに左右するし、選手からは次からそっぽを向かれ取材がしづらくなるため、提灯《ちょうちん》記事を書くことになる。だから敗戦はすべて監督やコーチ、フロントの責任とされる。そのため監督のクビがころころすげ替えられる。長くもって3年、ひどければ1年だ。

関西のスポーツ紙の一面は、スポーツ報知以外、常に阪神、阪神、阪神……となる。それほど関西では阪神の人気は異常なほど高い。他に野球チームは存在しないかのようだ。テレビ、新聞などの野球評論家、解説者たちも、関西では皆「いずれ自分もあの縦縞のユニホームを着たい」と思っているので、フロント批判、選手批判はせず、ことさら「監督が悪い、コーチが悪い」と繰り返す。阪神OBの解説者、評論家ならなおさらのことだ。

そしてOBたちは、生え抜きではなく外様が監督になることを極端に嫌い、声を大にして反対する。かつてのブレイザーや私、星野仙一など、阪神出身ではない外から来た人間が監督になると、コーチの人事は一新されてしまうからだ。そうなるとOBたちは職を追われる。既得権益を失うのが嫌だったのだ。

エースの自覚を持って変わった岩隈

野球で大切なものは、チームの柱となるエースと四番の存在なのだが、残念ながら阪神ではその育成がうまくいかなかった。

楽天の監督を務めた4年間では、もう少しやれればという思いがあった。エースと四番について少し話してみたい。

楽天時代、私がもっとも厳しい態度で接した選手の代表に、岩隈久志《いわくまひさし》がいた。それは実は、監督としての私の期待の裏返しであり、田中将大《まさひろ》というルーキーが入ってきても、やはり当時の楽天のエースは岩隈だったためである。

彼は近鉄の出身であり、近鉄は「いてまえ打線」と呼ばれたように、豪放磊落《らいらく》な大味の野球を身上としているところが伝統的にあった。それはつまり個人主義であり、「自分が結果さえ出せばいい」という風習を生み、組織として戦う意識が希薄になる。自分勝手に己の成績だけを重視し、チームにとって今何をすることが必要なのか考えない。チームプレーの意識が大きく欠けてしまう傾向があったのだ。

そのためか、岩隈は先発しても投球数が百球近くになると交代を希望した。

メジャーリーグでは百球が一つの交代の目安になるという話だったが、メジャーのローテーションは中４日。対して日本のプロ野球は１週間もある。もちろん私はピッチャーの酷使には大反対だが、百球近くになると交代を希望するというのは、エースとしてはその自覚に疑問符をつけざるを得なかった。

反対に負けている試合では、岩隈は百球を超えても交代希望をほのめかさない。黒星がつくのが嫌だからだろう。

ＷＢＣのような大舞台では、勝っていようが負けていようが、交代を希望せず、どこまでも投げ続けていた。

つまり自分勝手なご都合主義だったのだ。

しかし、そんな岩隈も変わった。

エースとしての自覚と誇りを持つようになった。

あれは2009（平成21）年、日本ハムとのクライマックスシリーズ第2ステージの第4戦、8回裏、バッターにスレッジを迎えたところで、私はリリーフとしてマウンドに立つ岩隈に敬遠を指示した。しかし彼は勝負したいといってきかなかった。私がそれを認めたのは、その時の彼の表情と意志に、エースとしての自覚を感じたからだ。

結果は3ランを浴びて、万事休す……。

だがベンチのその時の私の表情には、どこか晴れ晴れとしたものがあった。

それは「エースで打たれたのだから仕方がない」という諦めとともに、「岩隈が立派なエースに成長してくれた」という感慨もあったからだろう。

当の岩隈は打たれた後に泣いていた。彼が真のエースになった瞬間だったと思う。

私が楽天時代、山﨑に何度もいった言葉

次は楽天の四番打者について述べたい。

「もう少し頭を使ったらどうだ？」

２００６（平成18）年、東北楽天イーグルスを率いることになった私が、山﨑武司《やまさきたけし》によくいった言葉がこれだった。

山﨑はオリックスで戦力外通告を受け、２００５（平成17）年に楽天に入団したが、かつてはホームラン王に輝いたこともある実績がありながら、39歳という年齢の壁もあり、行き詰まっていた。

そんな彼に、

「もう少し頭を使ってみてはどうだ」

と私が何べんも諭したのは、彼にはまだ成長の伸びしろがあると思ったからだった。

山﨑は、どちらかというと生意気に見え、お山の大将的な外見と風貌があるが、実は人間的には立派な男だった。チーム内の怠慢なプレー、一生懸命さの見られないプレー

には先輩として厳しく選手を叱責した。見て見ぬふりをすることがなく後輩の面倒見もよかった。その分自分自身は絶対に手を抜かないし、全身全霊で常にプレーすることを心がけ、めったなことでは試合も休まなかった。

チームの鑑《かがみ》となる、四番にふさわしい男だからこそ、私は彼にはまだまだ頑張ってもらいたかったし、まだまだ活躍できる素地はあった。だからチームの中心的柱にすえた。そして、もう少し考えて打席に立つようになれば、打率はもっと上がるはずだと感じた。

「一つ聞くが、ホームランは狙って打てるものと思うか。どうだ?」

私の質問に山﨑は、

「狙っても……なかなか打てません」

と答えた。

「狙うのは難しい。しかしホームランを打つコツはある」

「何ですか」

「わからないか」

「教えてください」

「ホームランになるボールを待つんだよ」

ピッチャーの球種には限りがある。簡単にいってしまえば、ストレートと変化球。どのピッチャーも変化球をいくつか体得している。ピッチャーは自分が投げられる、限りある球種を使って、バッターごとにどう攻めるかを組み立てて勝負してくる。その配球を読んで、たとえば難しい外角低めの球には手を出さず、打てるコースと球種をあらかじめ読んで、狙い撃ちする。

山﨑はオリックスの前の中日時代には、ホームラン王に輝いたほどの実績があるのだから、球を遠くに飛ばす天性には恵まれている。後はそれをさらにどう活《い》かしていけばいいのか、考えればいいと私は言外に匂わしたのだった。

倒れた山﨑を担いでベンチに戻った楽天ナイン

もっと考える野球に徹しろ――。

考えるとは、投手、バッテリー間のデータをとり、分析して、相手の配球を読むことだ。そして狙い球を絞る。打てる球を待って打つ。それは努力によってできることだった。

そして努力の甲斐があって、翌年の2007(平成19)年のシーズンでは、山﨑は打点とホームランの二冠を達成した。

あれは忘れもしない9月のオリックス戦。最終盤の絶対に落とせない試合で、同点で迎えた9回裏の攻撃の場面だ。ワンアウト満塁でバッターボックスに山﨑が入った。当時、山﨑は股関節《こかんせつ》を故障していたため、まともに走ることができなかった。オリックスのバッテリーは明らかに内野ゴロに打ち取ってダブルプレーを取る態勢だった。

それを読んでいながら、山﨑も9回裏満塁の場面に興奮してしまったのだろう。打った打球はショートへのゴロだった。ボールはショートからセカンド、そしてファーストへ。ダブルプレーか……。悲鳴ともため息とも知れぬものが球場をこだました時だった。全力疾走で山﨑が一塁ベースに突入していた。倒れ込んだ山﨑に、審判の「セーフ!」のコール。楽天ナインは一斉にグラウンドに飛び出して、倒れた山﨑のもとに走り寄った。そして彼を担いでベンチまで戻ってきたのだ。そのシーンを見ていた私は、やはり山﨑をチームの中心にすえたのは正しかったと再認識した。

チームのお手本、鑑《かがみ》となる四番だからこそ、彼はナインみんなから慕われていたのだ。

山﨑、宮本に見られた「リーダーの素質」

選手を立派に育てる指導法としては、「無視、賞賛、非難」の3段階がある。

例えば二軍からようやく一軍に上がった時は、監督はチヤホヤせずに無視する。それにめげず頑張って結果を出せた選手には、

「おまえ、最近、ようなったな」

と賞賛する。そしてやがて四番を打つように成長したら、今度は非難だ。「四番がこれじゃダメだ」「四番が打てないから負けた」とボロクソにいう。こうした段階を経てようやく選手は一人前に育つものだ。

特にチームのリーダーとなるような選手、次世代の指導者となれるような選手には、

私はことさら厳しく「無視、賞賛、非難」を徹底してきた。

楽天時代、山﨑にはリーダーの素質をうかがわせる行動が垣間《かいま》見られた。たとえば、怠慢なプレーをした選手や、やる気のない選手には、山﨑は試合中にダグアウトの裏に連れていって説教をした。監督の私としては、これは非常に助かった。選手にとっても監督に直接怒られるとショックだが、先輩に叱られるなら、それほどダメージもない。こういうリーダーの行動は、監督として本当にありがたかった。

叱る、ほめる、どちらも根本には愛情がなくてはならない。そしてタイミングが大切だ。問題のある行動、プレーを見たらすぐその場で指摘し、仲間を怒れる選手は、やはりリーダーの素質があり、指導者になっても成功するに違いない。

ヤクルト時代の宮本慎也《しんや》も、そんな選手の代表格だった。

彼は後輩のダメな行動、プレーに対しては遠慮なく注意をしていた。それは見事なまでに一貫していた。人を注意するというのは実は難しいことであり、そのために嫌われたり、煙たがられたりする。だから多くの者は見て見ぬふりをするわけだ。

しかし前述の山﨑にしろ、宮本にしろ、彼らはそういう場面で黙ってはいられない性格だった。それは彼らの根底にはチームに対する愛情があったからだ。

「我、関せず」はもっともいけない風潮だと思う。

指導者となった山﨑、宮本をいつか見てみたいものだ。

特筆すべき田中将大《まさひろ》の修正能力

楽天の監督をしていた２００７（平成19）年にはいい思い出がある。

前年のドラフトで田中将大《まさひろ》を獲《と》ることができ、彼が入団してきたからだ。

田中は岩隈の次のエースとして、期待できた。

「マーくん、神の子、不思議な子」と私が冗談ぽくいっていたように、入団1年目からよく活躍してくれた。そして彼が投げると、不思議なほどよく勝ったものだ。試合の中盤まで負けていても打線がよく打ち、終わってみると勝っている。劣勢を挽回《ばんかい》したことは1度や2度ではなかった。彼はその意味ではエースの素養が1年目からあったといえるだろう。

実際、彼はいつも完投を目指していた。投球数が百球を超えても、「代えてほしい」というそぶりを見せたことがなかった。そうした気迫と根性はチームに伝わるもので、

「よし、あいつがそこまでやるなら、俺も打つぞ」

「あいつに負けがつかないよう、打ってやる。勝たせてやる」

とナインは奮起するものなのだ。

かつて西鉄ライオンズの稲尾和久、南海ホークスの杉浦忠、そして阪神タイガースの江夏豊など、エースと呼ばれるピッチャーは皆、完投を目指す気概でチームを奮い立たせ、実際、打線もそれに応えてよく打った。

田中はプロ1年目からエースの器だったことになる。

そして彼の特筆すべき長所は、修正能力があることだ。

監督やコーチに指摘されて修正するのではなく、自らの問題点を把握してそれを克服しよう、修正しようという能力があるのだ。1年目に11勝をあげ新人王となった後、2

年目のキャンプの当初、彼は、

「ストレートで三振を獲《と》れるピッチャーになりたい」

という意欲を示し、私はそれに賛成した。

まだ若いのだから、小さくまとまらずにストレートで勝負できるような器になってほしい。ストレートにもっと磨きがかかれば、おのずとその他の球種も活きてくるため相乗効果が期待できると私も考えた。

しかしそれは失敗だった。ストレートにこだわって力任せに投げることが重なって、一時期フォームを崩しコントロールを悪くしてしまう。結局、2年目は9勝どまり。2年目のジンクスに陥ったかとも思えた。ところがどうだ。翌年のキャンプからはフォームを調整し自分で自分の欠点を修正していた。

その後の活躍はご存じの通りである。

ある時、彼は股関節《こかんせつ》を痛めたことがあった。

投球に力が入りすぎて、右投げの彼の下半身が左側に大きく開きすぎ、股関節に負担をかけていた。

すると、驚いたことに彼はすぐキャッチャーミットを使った投球練習を始めていた。キャッチャーミットは重さがある。重いと、投げた時に必要以上に身体が開かず、ホームベースに向かってまっすぐの体勢を維持しやすい。下半身も開きすぎないため無理な姿勢を矯正しやすいのだ。

彼の原点となる能力は、その修正能力にある。

それにしても彼はやはり「神の子」だったと思う。

鳴り物入りで入団した大リーグの名門、ニューヨーク・ヤンキースでは、想像を絶するプレッシャーがあったに違いないが、見事に大リーグでもエースとしての働きを十分に証明してくれた。

2014（平成26）年5月まで、足掛け2年続いた日米レギュラーシーズンでの連勝を34まで伸ばした。

また大リーグの投手評価では重要視されるクオリティ・スタート（先発して6イニング以上を3自責点以内に抑える記録）を、連続16試合も続けたのは特筆すべきことだ。

これはメジャーでのタイ記録でもあるらしい。

読者の皆さんもご存じの通り、その後、彼は右ひじ靭帯《じんたい》を部分断裂してしまった。ここは慌てずにしっかり治してから復帰してもらいたい。無理な登板を重ねて現役生活を縮めてしまった投手を何人も見てきた。

その悲劇を彼には繰り返してほしくないのだ。

エピローグ

「火事場の馬鹿力」の連続だった私の人生

長いようで、短かった私の現役時代。

それは監督時代も同じだった。

現役、引退、ネット裏からの評論家時代をはさんで、ヤクルト、阪神、楽天の監督時代は、言ってみれば「火事場の馬鹿力」の連続だったような気がする。それが私の野球人生だったのかもしれない。


1954（昭和29）年、南海に契約金ゼロのテスト生として入団した私は、最初から捕手を希望していた。二軍で一生懸命に練習をしていたある時、二軍のキャプテンに、

「おまえたちテスト生は実力で入ったのではないぞ。ピッチャーの投球を受ける相手として入団しただけだ」

と突然いわれたことがある。

「その証拠に、おまえを含めてキャッチャー志望が4人もいるじゃないか。しかも高校野球の強豪校ではなく、地方の無名校出身者ばかり。いずれクビになる運命なんだ」

と言われて愕然《がくぜん》とした。

そして実際、彼の言葉通り、1年目の最後にクビをいい渡された。

私は「このままでは納得がいかない、もう1年やらせてほしい」と訴えた。訴えながら涙が出るのを止められなかった。「タダでもいいのでチームに置いてください。チャンスがほしい。それが無理なら、南海鉄道の陸橋から飛び降りて自殺します」と懇願すると、担当者は「ちょっと待っててくれ」といって席を外した。

小1時間ぐらい待たされただろうか、戻ってきた担当者から「もう1年契約する」といわれて、何とかクビがつながったのだった。

そして先輩の捕手がトレードになったり、故障したりして、私に番が回ってきた。1

956（昭和31）年、3年目のシーズンは打率2割5分2厘、ホームラン7本。次の年は打率3割2厘、ホームラン30本を打って、本塁打王になれた。

次にぶち当たった「打てない」という壁

しかしその後、全く打てなくなった。特にカーブに全くバットが当たらない。夜、みんなが寝静まった時間でもバットを振って振り抜き、考えに考え抜いた。そして到達したのがデータをとることだった。相手投手の癖を読む。そして配球のパターンを予測する。ヤマをはって打ち込む。毎日毎日がその繰り返しで追い詰められた状況だったが、そのお陰で現役を続けることができたのだ。

「火事場の馬鹿力」。

人間はギリギリのところまで追い込まれると、とんでもない力を発揮するという譬《たと》えだが、私のプロ野球デビューから引退まででは、まさにこの「火事場の馬鹿力」の連続だった気がする。

父を3歳の時に亡くし、母は子宮がん、直腸がんと、2度にわたって大病を患い、自営の食料品店をたたまざるを得なくなった。

家を処分し、貸家に引っ越し、親戚の家を転々としながら、まだ幼かった兄と私は、新聞配達など、できることはなんでもして生活を支えたのだった。


母はがんであったがそれでも工場で働いていた。

今でも覚えているのは、学校で昼食を食べる時のことだ。みんなの弁当は白いご飯なのに、私のご飯は芋を混ぜていたのでいつも真っ黒だった。だから恥ずかしくて隠しながら食べていた。

真冬のある夜、寒さで目が覚めると、屋根や戸の隙間から雪が吹き込んでいて、顔に薄く積もっていたのをまるで昨日のことのように思い出す。居候していたある家では、2階にいた私や兄が少しでも騒ぐと「うるさい！」と1階にいる男性からよく怒鳴られた。子供だからある程度は飛んだり跳ねたりするものだが、容赦はなかった。

少しでも母を支え、生活の足しにしようと、夏にはアイスキャンディの売り子もした。5円で売ると1円の儲《もう》けになる。夏祭りがあると、人混みを一往復するまでもなくアイスキャンディは売り切れる。「毎日夏祭りがあればいいのに」と子供心にも思ったものだ。

冬休みには子守もした。子供は寝かせてしまえば楽なのだが、寝かせると「夜、寝つきが悪くなって困る」とその子の親に怒られた。子守の仕事ではお金はもらえなかったが、夕食を食べさせてもらうことができた。


振り返ってみれば、母が2度目のがんを患った時が、私の人生の最大のターニングポイントだったと思う。あの時母が亡くなっていたら、今はなかった。高校で野球を続けることもできずプロに入ることもなかったことは間違いない。直腸がんの時は「もう危ない」といわれていたが、奇跡的に母は助かった。

この奇跡に、感謝している。

こういう生活を抜け出したい。がんを患いながらも懸命に働く母を少しでも楽にさせてやりたい……。その一心で私はお金を稼ぐ道を必死で探した。中学3年から始めた野球を高校3年間でも続けていた私は、プロ野球が高待遇なのを知り、プロ野球選手になる夢を持ったのだった。

そしてこれらの体験のすべてが、生涯一捕手、27年間の現役生活と、ヤクルト、阪神、楽天での監督生活を支えた原動力になっていたことは、間違いなかった。

プロ野球は奥の深い勝負の場

プロ野球選手は、持って生まれた天性、才能だけでは生きていけない。

いずれ限界が来るからだ。

そこがアマチュアとは違うところで、天性、才能だけでは越えられない壁に常にぶち当たるのがプロの世界であるともいえよう。

つまり「もうこれで十分」というレベルがプロにはない。どこまでも向上し、現状に甘んじることはできない。上には上があり、それを目指すのがプロフェッショナルでもあるからだ。

練習好きの選手がいれば、練習嫌いの者もいる。変化球を覚えて大成した投手もいれば、逆に球種をふやして選手寿命を短くしたエースもいる。

プロ野球は身体能力だけでなく、さまざまな駆け引き、戦術が行き交い、日々しのぎをけずっている勝負の場である。そういうところを読者の皆さんにもっと知っていただきたいと思い、本書を出版した。

プロ野球は、

「直球勝負こそ男の勝負」

というような単純なものではなく、心技体、すべてを駆使してぶつかり合う修練の場だ。

だからこそ野球解説者も、

「今の球は、気持ちで打ちましたね」

などという解説をしてはならないはずなのだ。

気持ちで打てるのなら、誰でも打っている。

その場面、どういうバッテリーの配球があり、バッターはそれをどう読んだのか…。打者にとって得意な球だったのか…、あるいはピッチャーの失投だったのか…、解説すべきことはたくさんあるはずだ。

本書では時代を代表する多くの名選手たちのエピソードを紹介したが、読者の皆さんにとってプロ野球観戦の視点がいっそう「複眼的」になるきっかけになれば、これにまさる喜びはない。

STAFF

構成／三浦悟朗（仁デザインコミュニケーション）

帯の写真／藤岡雅樹（小学館写真室）
ＤＴＰ／昭和ブライト
校閲／小学館出版クォリティーセンター、小学館クリエイティブ
編集／園田健也
販売／岸本信也
宣伝／阿部慶輔
制作／長谷部安弘

協力／株式会社 KDN スポーツジャパン

参考文献／『日本プロ野球70年史』2004年（ベースボール・マガジン社）